Adolf Meyer

Charles Darwin und Alfred Russel Wallace

Ihre ersten Publicationen über die Entstehung der Arten

Adolf Meyer

Charles Darwin und Alfred Russel Wallace
Ihre ersten Publicationen über die Entstehung der Arten

ISBN/EAN: 9783743617599

Hergestellt in Europa, USA, Kanada, Australien, Japan

Cover: Foto ©ninafisch / pixelio.de

Manufactured and distributed by brebook publishing software
(www.brebook.com)

Adolf Meyer

Charles Darwin und Alfred Russel Wallace

Charles Darwin
und
Alfred Russel Wallace.

Ihre ersten Publicationen
über die
„Entstehung der Arten"
nebst
einer Skizze ihres Lebens und einem Verzeichniß
ihrer Schriften.

Mit Autorisation herausgegeben
von
Dr. Adolf Bernhard Meyer.

Erlangen, 1870.
Verlag von Eduard Besold.

Es ist in Deutschland vielfach unbekannt geblieben, daß neben Charles Darwin ein anderer Forscher Englands, Alfred Russel Wallace, auf das Recht Anspruch machen darf als Erfinder der so viel beregten, bekämpften und vertheidigten Theorie der „Entstehung der Arten" angesehen zu werden, einer Theorie, welche nach ihrem Hauptbegründer kurz „Darwinismus" genannt zu werden pflegt. Diese Unbekanntschaft nicht nur des nicht gelehrten deutschen Publicums mit der Persönlichkeit des zweiten der genannten Männer wurde dem Herausgeber der vorliegenden Blätter oftmals vor Augen geführt, da er als Uebersetzer des zweiten Reisewerkes des Herrn Wallace so häufig Gelegenheit nehmen mußte Fragen über den Verfasser zu beantworten und Auskünfte über denselben zu geben.

Wenn einerseits diesem Bedürfniß nach Information hierdurch Rechnung getragen werden soll, so liegt doch andererseits der Hauptwerth der in der Uebertragung mitzutheilenden Abhandlungen in ihnen selbst, auch nicht etwa lediglich in dem historischen Interesse, welches sie bieten. Beides aber glaubt der Herausgeber nach einer Richtung hin illustriren zu können, indem er mittheilt, in welcher Weise Forscher von der Bedeutung eines Charles Lyell und eines J. D. Hooker s. Z. dem englischen Publicum von der vorliegenden neuen Theorie Kenntniß gaben.

Die genannten Gelehrten richteten am 30. Juni 1858 an den Secretär der Linnean Society in London, Herrn J. J. Bennet folgenden Brief:

Geehrter Herr!

Die beifolgenden Abhandlungen, welche wir die Ehre haben der Linnean Society mitzutheilen und welche sich alle auf denselben Gegenstand beziehen, nämlich auf die Gesetze, welche die Entstehung von Varietäten, Racen und Arten beeinflussen, enthalten die Resultate der Untersuchungen zweier unermüdlicher Naturforscher, der Herren Charles Darwin und Alfred Wallace.

Diese Herren haben ein Jeder selbständig und ohne von einander zu wissen dieselbe sehr geistreiche Theorie erdacht, um das Auftreten und die Fortdauer von Varietäten und von specifischen Formen auf unserem Planeten zu erklären, und mögen daher Beide billigerweise das Verdienst in Anspruch nehmen, originale Denker auf diesem wichtigen Gebiete der Forschung zu sein; aber da keiner von ihnen seine Ansichten veröffentlicht hat, obgleich Herr Darwin vor vielen Jahren wiederholt von uns dazu gedrängt wurde, und da beide Autoren ihre Abhandlungen jetzt rückhaltlos in unsere Hände gelegt haben, so meinen wir, daß die Interessen der Wissenschaft am Besten gewahrt sind, wenn eine Auswahl derselben der Linnean Society vorgelegt würde. Ihrem Datum nach geordnet sind es die folgenden:

1) Auszüge aus einem Werk in Manuscript über den Artbegriff, von Herrn Darwin, welches im Jahre 1839 skizzirt und im Jahre 1844 copirt wurde, zu welcher Zeit die Copie von Dr. Hooker gelesen, und ihr Inhalt später Sir Charles Lyell mitgetheilt worden ist. Der erste Theil ist „dem

Variiren organischer Wesen im natürlichen und im Zustande der Domestication" gewidmet, und das zweite Kapitel jenes Theiles, aus welchem wir die genannten Auszüge der Gesellschaft vorzulegen beabsichtigen, ist überschrieben: „Ueber das Variiren organischer Wesen im natürlichen Zustande; über die natürlichen Mittel der Zuchtwahl; über das Verhältniß domesticirter Racen zu echten Arten." [1]

2) Ein Abschnitt eines Privatbriefes an Professor Asa Gray in Boston, V. St., vom October 1857, von Herrn Darwin, in welchem derselbe seine Ansichten wiederholt, und welcher darthut, daß diese vom Jahre 1839 bis 1857 unverändert geblieben sind. [2]

3) Ein Essai von Herrn Wallace, betitelt: „Ueber die Tendenz der Varietäten unbegrenzt von dem ursprünglichen Typus abzuweichen." [3] Dieser wurde auf Ternate, eine der molukkischen Inseln, im Februar 1858 zu Händen seines Freundes und Correspondenten, Herrn Darwin, geschrieben und diesem mit dem ausgesprochenen Wunsche zugesandt, ihn Sir Charles Lyell einzuhändigen, wenn Hr. Darwin ihn für neu und interessant genug hielte. So sehr nun schätzte Herr Darwin den Werth der darin niedergelegten Ansichten, daß er in einem Briefe an Sir Charles Lyell vorschlug, Herrn Wallace's Einwilligung einzuholen um den Essai so bald als möglich veröffentlichen zu dürfen. Diesen Schritt billigten wir in hohem Maße, vorausgesetzt, daß Herr Darwin das Memoire, welches er selbst über den gleichen

---

[1] Abschnitt I dieser Broschüre.
[2] Abschnitt II dieser Broschüre.
[3] Abschnitt IV dieser Broschüre.

Gegenstand geschrieben, und welches, wie vorher mitgetheilt worden, Einer von uns im Jahre 1844 eingesehen hatte und um dessen Inhalt wir Beide seit vielen Jahren mitwußten, nicht der Veröffentlichung vorenthielte, wozu er (zu Gunsten des Herrn Wallace) sehr geneigt war. Als wir dieses Herrn Darwin vorstellten, gab er uns die Erlaubniß jedweden Gebrauch, der uns geeignet schiene, von seinem Memoire ec. zu machen, und indem wir diesen Weg, dasselbe der Linnean Society vorzulegen, betraten, erklärten wir ihm, daß wir dabei nicht allein seine und seines Freundes relativen Prioritäts-Ansprüche im Auge hätten, sondern auch die Interessen der Wissenschaft im Allgemeinen; denn wir halten es für wünschenswerth, daß Ansichten, welche auf einer so breit angelegten Schlußfolgerung aus Thatsachen beruhen und welche durch jahrelanges Nachdenken gereift sind, so bald als möglich ein Ziel werden, von dem Andere auslaufen können, und daß so lange die wissenschaftliche Welt auf das Erscheinen des vollständigen Werkes von Herrn Darwin warten muß, einige der leitenden Resultate seiner Arbeiten sowohl als auch derjenigen seines vortrefflichen Correspondenten zu gleicher Zeit der Oeffentlichkeit vorgelegt werden.

Wir haben die Ehre zu sein ec.

Charles Lyell.
Jos. D. Hooker.

Diesen drei Documenten also fügen wir hier ein viertes (als III. Abschnitt der Broschüre) bei, welches darthut, in welcher Weise Wallace bereits im Jahre 1855 über den Gegenstand dachte und schrieb. Möge der Leser urtheilen, welche Originalität auch diesem Forscher, dessen theoretische Ansichten sich gleichfalls auf eine Fülle thatsächlichen Materials (wie u. A. aus dem unten mitgetheilten Schriften-Verzeichniß desselben hervorgehen wird) aufbauen, neben einem **Charles Darwin** zukommt.

Wenn sich bei uns in Deutschland die Parteien in Bezug auf „**Darwinismus**" noch vielfach schroff entgegenstehen, so hat das zum Theil wohl seinen Grund in den Ausschreitungen, die gerade in Deutschland Anhänger der Theorie sich haben zu Schulden kommen lassen [1]), denen der geniale Urheber derselben (auf dessen Namen hin gesündigt wird) wohl zurufen dürfte: Gott beschütze mich vor meinen Freunden, mit meinen Feinden will ich schon selbst fertig werden! Die Ungeduld Alles wissen zu wollen und das Bestreben die Natur a priori zu construiren und dadurch in den alten Irrthum der Naturphilosophen zurückzufallen liegt wohl Niemandem ferner als den Erfindern der Theorie, die in Urtheilen und Schlußfolgerungen die Vorsicht und Bescheidenheit bewahren, welche der Naturforscher nie aus den Augen verlieren darf, und die Einsicht in den Werth der gefundenen „Gesetze" und in den Werth des Resultates ihrer Anwendung kennzeichnet wohl Nichts besser als die folgenden eigenen Worte **Darwin's**: „**I mean by nature only the aggregate action and product of many natural laws — and by laws only the ascertained sequence of events**", und der weitere goldene Ausspruch: „**We do not know how**

---

[1]) Eine Ansicht, welche auch englische Autoren schon Kund thun; s. u. A. „Difficulties of the theory of Natural Selection" in „The Month" 1869 S. 142: „a moderation too little observed by some Teutonic Darwinians." — S. auch Westminster Review, Jan. 1869.

ignorant we are"[1]): Wir wissen nicht einmal, wie unwissend wir sind! Wenn die Erkenntnißstufe eines Sokrates oft charakterisirt wird durch das Wort: „Ich weiß, daß ich Nichts weiß"[2]) und wenn der kritische Geist eines Kant die Grenzen unserer möglichen Erkenntniß feststellen konnte, so war es in unserer Zeit Darwin der es in überzeugender und eindringlicher Weise betonte wie oft wir glauben Etwas zu wissen, zu erkennen, einen Zusammenhang zu verstehen, während wir uns in der That nur mit Worten abspeisen.

Der Werth der s. g. exacten Wissenschaften liegt weniger in ihren Resultaten als in ihrer Methode. Die Ursachen der Dinge bleiben uns überall unbekannt. Wenn das Gravitationsgesetz auch die Beziehungen irdischer und himmlischer Körper zu einander in mathematische Formeln bringt, die genügen um die Erscheinungen der Zukunft vorher zu bestimmen[3]) — das Wesen der „An-

---

[1] S. Einleitung zu Variation of Animals and Plants under Domestication.

[2] Plat. Apol. Socr. S. 21 d: ..... ὥσπερ οὖν οὐκ οἶδα, οὐδὲ οἴομαι.

[3] Wie die Theorie der „natürlichen Zuchtwahl" dazu dienen kann vorherzusagen, auf welche Thatsachen der Beobachter stoßen wird, das möge an einem interessanten Beispiele nach Wallace's eigenen Worten hier angeführt sein; er sagt in einem Essai: „Creation by Law" in Quart. Journ. of Science IV 1867: „Ich habe den Saugrüssel eines Exemplars von Macrosila cluentis von Südamerika sorgfältig gemessen und ihn 9¼ Zoll lang gefunden; einer vom tropischen Afrika maß 7½ Zoll. Eine Art, welche einen 2—3 Zoll längeren Saugrüssel besitzt, würde den Nectar in den größten Blumen der Angaecum sesquipedulum, deren Nectarien in ihrer Länge von 10—14 Zoll variiren, erreichen können. Daß ein solcher

ziehung" bleibt uns immer ein unfaßbares Räthsel, es ist lediglich ein Wort für eine Thatsache, deren Werden uns verschlossen ist und gegen die Vorstellung einer Wirkung in die Ferne haben sich die hervorragendsten Köpfe gesträubt. Wenn die Physik auch die „Gesetze" nach denen die Bewegung des Aethers sich im Raume fortpflanzt und dem empfindenden Organismus Licht oder Wärme spendet, inductiv erschlossen, die Vorstellung eines solchen Aethers bleibt stets eine unmögliche und er selbst hypothetisch. Wir kennen weder den Sitz noch das Wesen des Magnetismus trotz unserer um den ganzen Erdkreis geschlungenen Beobachtungen. Wir kennen nicht das Wesen des Processes, welcher in Nerven sich abspielt, wenn Bewegung und Empfindung erzeugt wird, und die Köpfe entbrennen noch über die Vorfrage, ob die Rolle, welche der Electricität dabei zufällt, eine das Wesen der Sache treffende oder lediglich eine Begleiterscheinung ist. Die Psychophysik mag mit der höchst möglichen Genauigkeit die Größe des Reizes messen die erforderlich ist damit er ins Bewußtsein trete — ein ungelüfteter und nicht zu lüftender Schleier versperrt unserer Einsicht in das Wesen des Bewußtwerdens und Bewußtseins den Weg. Es ließen sich die Beispiele häufen und sie würden alle bekunden, daß wir nicht wissen; Aussprüche von Denkern und Gelehrten aber würden auch bekunden, daß sie vielfach „nicht einmal wissen, wie wenig sie wissen!" Es sollten sich vor diesem Worte die Gegner der Theorie der Entstehung der

---

Nachtfalter auf Madagascar existirt kann mit Sicherheit vorausgesagt werden und Naturforscher, welche diese Insel betreten, dürfen mit derselben Zuversicht nach demselben suchen, wie Astronomen nach dem Planeten Neptun suchten — und es wird ihnen ein gleicher Erfolg zu Theil werden!"

Arten beugen; sie sollten überhaupt weniger gegen die Anhänger des großen Mannes zu Felde ziehen als, falls überhaupt, gegen ihn selbst und wenn sie jene widerlegt, meinen diesen widerlegt zu haben; — aber es sollten sich ebenso und mehr vor demselben beugen die unbescheidenen und voreiligen Anhänger der Theorie, und bedenken daß sie nicht würdige Schüler des Meisters um den sie sich schaaren sind, wenn sie s e i n e Erkenntnißstufe nicht erreichen und sie mögen bedenken, daß eine Jahrhunderte lange Arbeit erforderlich sein wird um zu beweisen, was sie heute schon als bewiesen erachten. Unsere Erkenntniß rückt sehr schrittweise vor und gewisse (die meisten) Dinge sind ihr fürs Erste überhaupt verschlossen. Gewisse Formen des Denkens und der Anschauung müssen durchlaufen werden. Wenn sich heute nur noch einzelne Köpfe gegen die Undulationstheorie des Lichtes sträuben, so ist das eben ein Ausdruck dafür, daß die gangbare Theorie die ist, welche dem Erkenntnißvermögen der jetzigen Generation von Forschern entspricht. Sich gegen diese Formel, in die das Beobachtete gekleidet ist, zu sträuben, ist vergeblich — es handele sich denn um bahnbrechende, neue Anschauungen, welche geniale Naturen ihrem Geschlechte aufprägen. Ebenso aber scheint es mit der Theorie der Entstehung der Arten gehen zu sollen. Diese Form der Anschauung der Dinge muß einmal passirt werden und man kann sie nicht vermeiden, will man Anders über diese Frage denken. Welcher Forscher aber getraute sich nicht darüber denken zu wollen?

Ich schließe an diese gelegentlichen, einleitenden Worte eine Skizze der Lebensläufe der beiden Männer, um deren originelle Ideen es sich hier handelt, und ferner Verzeichnisse ihrer Schriften. Ich verdanke die Daten hierzu der directen Mittheilung der Herren Charles Darwin und Alfred Russel Wallace und bezweifle daher nicht, daß sie dem Leser werthvoll erscheinen werden.

Charles Robert Darwin wurde am 12. Februar 1809 in Shrewsbury geboren. Er ist der Sohn von Dr. Robert Waring Darwin, der Enkel von Dr. Erasmus Darwin, dem Verfasser des „Botanischen Gartens", der „Zoonomia" ꝛc., und mütterlicherseits der Enkel von Josiah Wedgwood, dem berühmten Steingut-Fabrikanten [1]). Er besuchte die Schule in Shrewsbury, welche damals unter der Leitung von Dr. Butler, dem späteren Bischof von Lichfield, stand. Im Winter 1825 bezog er die Universität Edinburg, blieb dort zwei Jahre und ging dann auf das Christ College in Cambridge, wo er im Jahre 1831 den Baccalaureusgrad (Bachelor of Arts) erwarb.

Als nun im Herbst desselben Jahres Capitän Fitzroy sich erbot mit einem Naturforscher, welcher an der Vermessungsexpedition und Erdumsegelung des k. Marine-Schiffes Beagle Theil nehmen wollte, seine eigene Kabine zu theilen, stellte Charles Darwin seine Dienste zur Disposition, ohne auf ein Salair Anspruch zu machen, jedoch mit der Bedingung, daß er über seine Sammlungen vollständig frei verfügen dürfe. Der Beagle verließ England am 27. December 1831 und kehrte am 22. October 1836 wieder dahin zurück. Die Erlebnisse dieser Reise hat Darwin in einem für jeden denkenden Geist in hohem Maße anziehenden Werke beschrieben und die wissenschaftlichen Resultate seiner

---

[1]) S. The Wedgwoods: being a Life of Josiah Wedgwood et by Jewitt. London 1865.

Beobachtungen und Untersuchungen zusammen mit einer Reihe Gelehrten ersten Ranges in einer der Höhe der Aufgabe entsprechenden Weise den Fachgenossen dargeboten. Auf dieser Reise war es, wo er, wie er selbst erzählt, „von der Wahrnehmung gewisser Thatsachen in der Vertheilung der Bewohner und in den geologischen Beziehungen zwischen der jetzigen und der früheren Bevölkerung von Südamerika überrascht wurde, Thatsachen, welche ihm einiges Licht über die Entstehung der Arten, dieses Geheimniß der Geheimnisse (nach einem der größten Philosophen) zu verbreiten schienen." So wurzelte denn die langjährige stille Forscherarbeit des Mannes in der kühneren Unternehmung des Jünglings, welche er selbst schon in ihrem Werthe abschätzte, indem er es am Ende seines Berichtes aussprach: „daß er glaube, Nichts bilde so sehr einen jungen Naturforscher als eine Reise in entfernte Länder." Wohl mag von Darwin das schöne Wort eines deutschen Denkers gelten: daß der Mann selten tiefer bringe, als der Jüngling sein Senkblei geworfen.

Anfang 1839 heirathete Charles Darwin seine Cousine Emma Wedgwood und lebt seit dem Jahre 1842 auf seinem Landsitze Down bei Farnborough in Kent (etwa eine Stunde mit der Eisenbahn von London) seinen Studien und seiner Familie. Er bekleidet dort den Posten eines „Magistrate for the County."

Die Royal Society verlieh ihm die „Royal"-Medaille und im Jahre 1864 die „Copley"-Medaille; die Geological Society im Jahre 1859 die „Wollaston"-Medaille.

Aus dem hier folgenden Verzeichniß der Schriften Darwin's ann selbst der nicht tiefer bringende Leser eine Vorstellung von der umfassenden Thätigkeit dieses Forschers gewinnen.

XIII

Verzeichniß der Schriften

von

Charles Darwin

(mit Ausnahme einiger unwichtigeren Notizen).

I. Schriften allgemeinen Inhaltes

(bis Anfang 1869).

1) Bericht über die Vermessungsreisen des „Adventure" und „Beagle" im Jahre 1839. Der 3. Bd. dieses Werkes heißt: „Tagebuch und Notizen von C. Darwin". Dieser Band wurde verbessert und zusammengezogen im Jahre 1845 unter dem Titel: »Journal of researches into the Nat. Hist. and Geology of the countries visited by H. M. S. Beagle« bei Murray herausgegeben. Da dieses Werk stereotypirt wurde, so erschien keine neue Auflage, aber es kamen 10,000 Abzüge in die Oeffentlichkeit. Eine deutsche Ausgabe von Dr. Dieffenbach (Charles Darwin's naturwissenschaftliche Reisen, Braunschweig, 1844) und eine amerikanische sind erschienen und eine französische ist unter der Presse.

2) Die Zoologie auf der Reise des Beagle herausgegeben und geleitet von C. Darwin 1840. 5 Theile.
   1. Th.: Fossile Säugethiere von Prof. R. Owen mit einer geologischen Einleitung von C. Darwin.
   2. Th.: Säugethiere von G. R. Waterhouse mit einer geographischen Einleitung von C. Darwin.
   3. Th.: Vögel von J. Gould mit Bemerkungen über ihre Gewohnheiten von C. Darwin.
   4. Th.: Fische von L. Jenyns mit Bemerkungen von C. Darwin.
   5. Th.: Reptilien von Jhos. Bell mit Bemerkungen v. C. Darwin.

3) Ueber die Entstehung der Arten durch natürliche Zuchtwahl 1859. Es sind 5 englische Auflagen erschienen; drei deutsche, die beiden ersten von Bronn und die dritte von Victor Carus; drei französische, drei russische, zwei amerikanische, eine holländische und eine italienische.

4) Das Variiren der Pflanzen und Thiere im Zustande der Domestica-

tion 1868. Ein 2. verbesserter Abdruck erschien in England, aber wurde nicht 2. Auflage genannt. Das Werk ist ins Deutsche übersetzt von Victor Carus, ins Französische von Col. Moulinie, ins Italienische von Prof. Canestrini und ins Russische von Kowalewsky.

5) Ueber das Variiren organischer Wesen im natürlichen Zustande [1]). Journal of Linnean Soc. Vol. III. (Zoology) 1858. p. 46.

II. Geologische Schriften.

6) Die Structur und Verbreitung der Korallenriffe 1842. 214 S. Geologische Beobachtungen über vulkanische Inseln 1844. 175 S. Geologische Beobachtungen über Süd-Amerika 1846. 279 S. Diese 3 Werke werden auch zusammen unter dem Titel „Geologische Beobachtungen" verkauft.

7) Ueber den Zusammenhang der vulkanischen Erscheinungen in Süd-Amerika ꝛc. Transact. of Geolog. Soc. Vol. V. 1838.

8) Ueber die Verbreitung der erratischen Blöcke in Süd-Amerika. ibid. Vol. VI. 1841.

9) Ueber den Transport erratischer Blöcke von einer niedrigeren in eine höhere Gegend. Journal of Geolog. Soc. 1848. S. 315.

10) Bemerkungen über die alten Gletscher von Caernaroonshire. London Philosoph. Mag. Vol. XXI. 1842. S. 180.

11) Bemerkung über einen auf einem Eisberge gesehenen Felsen. Journal Geographical Soc. Vol. IX. 1839. S. 528.

12) Ueber die Geologie der Falkland Inseln. Journal of Geol. Soc. 1846. S. 267.

13) Ueber eine bemerkenswerthe Sandsteinbarre von Pernambuco. London Philosoph. Mag. Oct. 1841. S. 257.

14) Ueber die Bildung von Schlamm. Trans. Geol. Soc. Vol. V. S. 505. 1837.

15) Ueber die übereinanderliegenden Uferlinien (parallel roads) von Glenroy. Tr. of Phil. Soc. 1839. S. 39.

---

[1]) Diese Abh. bildet den I. Abschnitt der vorliegenden Broschüre.

16) Ueber die Dicke der pompejanischen Formation bei Buenos Ayres. Journal of Geol. Soc. 1862. S. 63.
17) Ueber die Fähigkeit der Eisberge Furchen auf dem Meeresgrunde zu ziehen. London Philos. Mag. 1855.
18) Ein Bericht über den feinen Staub welcher oft im atlantischen Ocean auf die Schiffe niederfällt. Proc. of Geol. Soc. 1845. S. 26.
19) Ursprung der salzhaltigen Ablagerungen von Patagonien. Journ. of Geol. Soc. Vol. II. 1838. S. 127.
20) Artikel »Geology« in »Admiralty Manuel of Scientific enquiry.« 1849. 3. Aufl. 1859.
21) Bemerkungen über Herrn Maclaren's Abhandlung über Koralleninseln. Edinburgh new Phil. Mag. Vol. XXXIV. 1843. S. 47.

III. Botanische Schriften.

22) Ueber die Einrichtungen zur Befruchtung britischer und ausländischer Orchideen durch Insecten 1862. Dieses Werk ist ins Deutsche übersetzt von Prof. Bronn und eine französische Uebersetzung ist unter der Presse.
23) Ueber die drei bemerkenswerthen geschlechtlichen Formen von Catasetum. Journal of Linn. Soc. Vol. VI. 1862 (Bot.) S. 151.
24) Ueber die Bewegungen und Gewohnheiten der Schlingpflanzen. Journal of Linn. Soc. Vol. IX. 1865. (Bot.) S. 1—118. Diese Abh. ist auch für sich erschienen.
25) Ueber die Einwirkung des Seewassers auf das Keimen von Samen. Journ. Linn. Soc. Vol. I. 1857. (Bot.) S. 130.
26) Ueber die Thätigkeit der Bienen bei der Befruchtung der Papilionaceen. Ann. of. Nat. Hist. Vol. II. 1858. S. 459.
27) Ueber die zwei Formen oder dimorphen Zustände der Primula-Arten. Journ. Linn. Soc. Vol. VI. 1862. (Bot.) S. 77.
28) Ueber die Existenz zweier Formen und ihrer wechselseitigen geschlechtlichen Beziehungen bei verschiedenen Arten der Gattung Linum. ibid. Vol. VII. 1863. (Bot.) S. 69.

29) Ueber die geschlechtlichen Beziehungen der drei Formen von Lythrum. ibid. vol. VIII. 1864. S. 169.

30) Ueber den Charakter und die Bastard-artige Natur der illegitimen Nachkommenschaft von dimorphen und trimorphen Pflanzen. ibid. Vol. X. 1857. (Bot.) S. 393—347.

31) Ueber den specifischen Unterschied von Primula veris und vulgaris und über die Bastardnatur der gemeinen Primel. ibid. 1867. Vol. X. (Bot.) S. 437—54.

32) Bemerkungen über die Befruchtung der Orchideen. Annals and Magazine of Natural History. 1869.

IV. Zoologische Schriften.

33) Monographie der Cirripedien:
    1. Th. Lepadidae. Ray Soc. 1851. S. 1—400.
    2. Th. Balanidae. ibid. 1854. S. 1—684.
    Auch als 2 bändiges Werk erschienen.

34) Monographie der fossilen Lepadidae. Palaeontographical Soc. 1851. S. 1—86.

35) Monographie der fossilen Balanidae und Vorrucidae. Pal. Soc. 1854. S. 1—44.

36) Ueber den s. g. Gehörsack der Cirripedien. Nat. Hist. Review. 1863. S. 115.

37) Beobachtungen über die Structur der Gattung Sagitta. Ann. Nat. Hist. Vol. XIII. 1844. S. 1.

38) Kurze Beschreibung mehrer Land- und einiger See-Planarien. ibid. Vol. XIV. 1844. S. 241.

XVII

Alfred Russel Wallace wurde 1823 zu Usk in Monmouthshire geboren und besuchte die Elementarschule in Hertford. Vom 15. bis zum 21. Jahre lernte er bei seinem älteren Bruder die Profession eines Landvermessers und Civil-Ingenieurs und begann damals das Studium der Botanik. 1844 wurde er Lehrer in der Collegiat-Schule zu Leicester, verbrachte hier anderthalb Jahre und fing an sich mit dem Sammeln von Insecten zu beschäftigen. Er war dann einige Jahre in Süd-Wales in seinem Berufe thätig, gab denselben jedoch vollständig auf um Reisen in Süd-Amerika zu unternehmen. In der Gesellschaft des Herrn Henry Walter Bates, dessen Bekanntschaft er schon in Leicester gemacht, schiffte er sich im Jahre 1848 nach Para ein, verbrachte 4 Jahre im Thale des Amazonenstromes und kehrte, da seine Gesundheit durch ein arges Fieber gebrochen war, im Jahre 1852 nach England zurück. Das Schiff, auf welchem er überfuhr, fing mitten auf dem Ocean Feuer und alle Passagiere mußten sich, um ihr Leben zu retten, in die Boote flüchten. Alle in den letzten zwei Jahren von Wallace angelegten Sammlungen, eine große Anzahl lebender Thiere und fast alle Manuscripte und Skizzen wurden zerstört! Nachdem sie 10 Tage auf der See umhergeworfen worden, nahm sie ein anderes Schiff auf und sie erreichten nach einer langen und gefahrvollen Reise im October 1852 England. Nun publicirte der vom Unglück heimgesuchte Forscher seine „Reisen am Amazonenstrom und Rio-Negro" und seine „Palmen des Amazonenstromes", machte sich aber schon im Frühjahr 1854 ungebrochenen Muthes wieder auf, und zwar dieses Mal nach dem Osten, und spendete 8 Jahre seines Lebens um die Naturgeschichte des malayischen

Archipels von der Halbinsel Malaka bis nach Neu Guinea in Kreuz- und Querfahrten von Nord nach Süd und von Ost nach West zu studiren und reichhaltige Sammlungen anzulegen. Hier inmitten der tropischen Natur war es, wo Wallace seine fruchtbringenden Gedanken über die Entstehung der Arten concipirte. Der als III. Abschnitt dieser Broschüre gegebene Essai wurde im Jahre 1855 in Saráwak auf Bórneo niedergeschrieben und der Verfasser theilt uns mit, daß er zu jener Zeit fest von dem derivativen Ursprung der Arten überzeugt gewesen, aber daß er noch keinen Gedanken über das Wesen des Processes gefaßt hatte. Als er 3 Jahre später in Ternate die Abhandlung schrieb, welche als IV. Abschnitt hier vorgeführt ist, und welche wie Eingangs berichtet den directen Anstoß dazu gab, daß Charles Darwin mit seinen Ideen vor die Oeffentlichkeit trat, kannte er dessen Ansichten nicht, auch nicht die Art des Werkes, mit welchem er diesen Forscher beschäftigt wußte, wenn ihm auch im Allgemeinen bekannt war, daß es über „Variation" handelte.

Wallace faßte den Gedanken der „natürlichen Zuchtwahl" (wenn er ihm auch nicht diesen Namen zutheilte) während der Schauer eines Fieberanfalles (wie er selbst erzählt) und es leiteten ihn darauf Malthus' Ansichten über die Bevölkerung, welche er auf die Thierwelt übertrug. Sobald ihn der Fieberanfall verlassen, setzte er sich nieder und verfaßte den Artikel, welcher, mit nächster Post nach Europa gesandt, bestimmt war, hier als Ferment zu wirken, indem er den Anstoß gab zu einer ungeahnten Entwickelung und Vertiefung der beschreibenden Naturwissenschaften und zu einer neuen philosophischen Anschauung von der organischen Welt.

Die Früchte dieser acht Wanderjahre im fernen Osten findet man niedergelegt in einer großen Reihe von Abhandlungen, die zum Theil auf der Reise selbst, zum Theil nach der Rückkehr in England verfaßt sind, wie der Leser aus der unten mitgetheilten Liste der Schriften von Wallace ersehen kann. Einen allgemeinen Ueberblick jedoch über diese Welten lieferte der Forscher erst, nachdem er seine mitgebrachten Schätze und Erfahrungen sechs Jahre lang gesichtet, geordnet und studirt hatte und gab denselben dann in dem anziehendsten Gewande, in einer mit Originalität gehandhabten sprachlichen Form und mit der Tiefe eines Denkers, dessen Ueberzeugungen die Einsamkeit geklärt und gereift hat. Es nimmt dieses Werk zweifellos einen hervorragenden Platz in der neueren Reiseliteratur ein, allein es des Näheren zu charakterisiren ist nicht diese Gelegenheit ausersehen. Nur um einen Begriff von dem umfassenden Werthe der Wallace'schen Beobachtungen zu geben, möge erwähnt sein, daß er über 125,000 naturwissenschaftliche Gegenstände von seinen Reisen heimbrachte und dieselben theils selbst der Bearbeitung unterzog, theils anderen Forschern zur Bearbeitung überließ, so daß die wissenschaftliche Welt noch heute einen reichen Schatz aus diesen Sammlungen zu gewärtigen hat. Alfred Russel Wallace lebt seit seiner Rückkehr aus dem Osten in London gleich seinem congenialen Landsmanne Charles Darwin als Privatgelehrter, und ist beschäftigt mit der weiteren Verwerthung und Verbreitung seiner Beobachtungen und Erfahrungen unter tropischen Himmelsstrichen.

XX

Verzeichniß der Schriften

von

Alfred Russel Wallace

(mit Ausnahme einiger unwichtigeren Journalartikel.)

1850. Ueber den Schirmvogel (Umbrella Bird — Cephalopterus ornatus) P. Z. S.[1])
1852. Ueber die Affen des Amazonenstromes P. Z. S.
1853. Reisen am Amazonenstrom und dem Rio Negro (Travels on the Amazon and Rio Negro) 1 Bd. 8º. Reeve & Co.
— Palmen des Amazonenstromes (Palm Trees of the Amazon) 1 Bd. 8º. Van Voorst.
— Ueber einige Gymnotus verwandte Fische. P. Z. S.
— Ueber die Gewohnheiten der Schmetterlinge des Amazonenstromes. T. E. S.

---

[1]) In diesem Verzeichniß sind folgende Abkürzungen gebraucht:

P. Z. S.	= Proceedings of the Zoological Society of London 8º.
T. E. S.	= Transactions of the Entomological Society 8º.
J. R. G. S.	= Journal of the Royal Geographical Society 8º.
A. N. H.	= Annals and Magazine of Natural History 8º.
P. R. G. S.	= Proceedings of the Royal Geographical Society 8º.
P. L. S	= Proceedings of the Linnaean Society 8º.
T. L. S.	= Transactions of the Linnaean Society 4º.
Ibis	= The Ibis, a Magazine of general Ornithology 8º.
J. E.	= The Journal of Entomology 8º.
Z.	= The Zoologist 8º.
J. O.	= The Intellectual Observer 8º.
N. H. R.	= The Natural History Review 8º.
E. N. P. J.	= The Edinburgh New Philosophical Journal 8º.
T. Eth. S.	= Transactions of the Ethnological Society 8º.
A. R.	= The Anthropological Review 8º.
Q. J. of S.	= The Quarterly Journal of Science 8º.
W. R.	= The Westminster Review.
J. T. N. H.	= The Journal of Travel and Natural History 8º.
M. M.	= Macmillan's Magazine 8º.
Q. R.	= Quarterly Review 8º.
S. O.	= Scientific Opinion 4º
Nature	= Nature, a weekly illustrated Journal of Science 4º.

1854. Ueber Insecten welche am Amazonenstrom als Nahrung dienen. T. E. S.
— Ueber den Rio Negro, mit einer Karte J. R. G. S.
1855. Ueber das Gesetz welches die Entstehung neuer Arten regulirt hat. A. N. H. ¹).
— Bericht über einen jungen Orang Utan. A. N. H.
1856. Ueber eine natürliche Anordnung der Vögel. A. N. H.
— Ueber den Orang-Utan oder Mias von Borneo. A. N. H.
— Notizen über eine Reise den Sabongfluß hinauf. N. W.-Borneo. J. R. G. S.
1857. Ueber die physische Geographie der Aru Inseln. P. R. G. S.
— Ueber die Gewohnheiten des Orang-Utan von Borneo. A. N. H.
— Ueber die Gewohnheiten einer Ornithoptera. T. E. S.
— Ueber den großen Paradiesvogel. A. N. H.
1858. Ueber die Naturgeschichte der Aru Inseln. A. N. H.
— Ueber die Tendenz der Varietäten unbegrenzt von dem Original-Typus abzuweichen. P. L. S. ²).
1859. Ueber Geschlechtscharaktere in der Gattung Lomaptera. T. E. S.
— Notizen über die Gewohnheiten der Scolytidae und Bostrichidae. T. E. S.
— Ueber die geographische Verbreitung der Vögel. Ibis.
1860. Ueber die zoologische Geographie des malayischen Archipels. P. L. S.
— Ueber die Ornithologie von Nord-Celébes. Ibis.
1861. Ueber die Ornithologie von Ceram und Wagen. Ibis.
1861. Bemerkungen über die Ornithologie von Timor. Ibis.
1862. Erzählung des Suchens nach Paradiesvögeln. P. Z. S.
— Ueber einige neue und seltene Vögel von Neu Guinea. P. Z. S.
— Beschreibung dreier neuer Arten von Pitta. P. Z. S.
— Liste der Vögel der Sula Inseln (14 neue Arten). P. Z. S.
— Ueber einige neue Vögel von den nördlichen Molukken. Ibis.

---

¹) Diese Abhandlung bildet den III. Abschnitt der vorliegenden Broschüre.
²) Diese Abhandlung bildet den IV. Abschnitt der vorliegenden Broschüre.

1863. Liste der Vögel von Buru (13 neue Arten). P. Z. S.
— Ueber Hirundo esculenta und die Gattung Collocalia. P. Z. S.
— Liste der Vögel von Timor, Floris und Lombok (30 neue Arten). P. Z. S.
— Ueber die Gattung Ipbias. J. E.
— Bemerkung über Corvus senex und Corvus fuscicapillus. Ibis.
— Bemerkungen über die Gattung Treron. Ibis.
— Ueber die physische Geographie des malayischen Archipels. J. R. G. S.
— Welches sind die Verwandtschaftsbeziehungen der Honigsauger? Z.
— Ueber die Buccrotidae oder Hornvögel. J. O.
— Bemerkungen über die Bienenzelle und über die Entstehung der Arten. A. N. H.
1864. Ueber das Variiren und die Verbreitung der malayischen Papilionidae. T. L. S.
— Ueber die Papageien der malayischen Region (2 neue Arten). P. Z. S.
— Ueber den Werth der osteologischen Charaktere für die Classification der Vögel. Ibis.
— Bemerkung über Astur griseiceps. Ibis.
— Ueber die Gewohnheiten und die Verbreitung der Gattung Pitta. Ibis.
— Ueber einige Anomalien in der zoologischen und botanischen Geographie. N. H. R. und E. N. S. J.
— Ueber die Varietäten des Menschen im malayischen Archipel. T. Eth. S.
— Die Entstehung der menschlichen Racen und das Alter der Menschen hergeleitet aus der Theorie der natürlichen Zuchtwahl. A. R.
1865. Liste der Land-Muscheln des malayischen Archipels. P. Z. S.
— Beschreibung von 21 neuen malayischen Vögeln. P. Z. S.
— Ueber die Tauben des malayischen Archipels (4 neue Arten). Ibis.
— Ueber den Fortschritt der Civilisation auf Nord-Celébes. T. Eth. S.
1866. Liste von Lepidopteren aus Formosa. P. Z. S.
— Ueber die Pieridae der indischen und australischen Regionen. Beschreibung von 50 neuen Arten. T. E. S.
1867. Liste der Cetoniidae des malayischen Archipels mit der Beschreibung von 70 neuen Arten. T. E. S.

1867. Eine philosophische Betrachtung über Vogelnester. J. O.
— Eisspuren in Nord-Wales. Q. J. of Sc.
— Die Polynesier und ihre Wanderungen. Q. J. of Sc.
— Creation by Law. Q. J. of Sc.
— Mimicry oder schützende Aehnlichkeiten bei den Thieren. W. R.
1868. Catalog der Raubvögel des malayischen Archipels. Ibis.
— Eine Theorie über die Vogelnester. J. T. N. H.
1869. Museen für das Volk. M. M.
— Geologische Klimate und die Entstehung der Arten. Q. R.
— Bemerkungen über Schmetterlinge des Ostens. (Mynes, Prothoe). T. E. S.
— " " " " " (Diadema). T. E. S.
— " " " " " (Eurytelidae, Nymphalidae). T. E. S.
— Der Malayische Archipel. 2 Bde. 8º. Macmillan & Co.¹).
— Brief über den Ursprung moralischer Anschauungen. (15. Sept.) S. O.
— Ueber geologische Zeiten. Nature.
In Vorbereitung: Beiträge zur Theorie der natürlichen Zuchtwahl.

Berlin, December 1869.

Dr. Adolf Bernhard Meyer.

¹) Ein zusammenfassendes Werk über die Erlebnisse des Verf. auf seinen 8jährigen Reisen im malayischen Archipel und die wissenschaftlichen Resultate dieser Reisen. In deutscher Ausgabe von Adolf Bernhard Meyer unter dem Titel: „Der Malayische Archipel. Die Heimath des Orang-Utan und des Paradiesvogels. Reiseerlebnisse und Studien über Land und Leute." 2 Bde mit 51 Original-Illustrationen in Holzschnitt und 9 Karten bei George Westermann 1869. Eine zweite englische Auflage befindet sich unter der Presse.

I.
Auszug
aus einem noch nicht veröffentlichten Werke
über den Artbegriff
von
Charles Darwin [1]).

Ein Theil des Kapitels „Ueber das Variiren organischer Wesen im natürlichen
Zustande; über die natürlichen Mittel der Zuchtwahl; über das Verhältniß
domesticirter Racen zu ächten Arten."

De Candolle hat in einem beredten Passus auseinandergesetzt, daß sich die ganze Natur im Kriege befindet, ein Organismus mit dem anderen oder mit der äußeren Natur. Wenn man das zufriedene Antlitz der Natur sieht, so könnte eine solche Behauptung zuerst wohl in Zweifel gezogen werden; aber ein wenig Nachdenken zeigt unabweislich, daß es sich wirklich so verhält. Der Krieg ist jedoch kein beständiger, sondern einer, welcher in geringem Maße nach kurzen und in bedeutenderem

---

[1]) Dieses Manuscript war nie für die Oeffentlichkeit bestimmt und wurde daher nicht mit Sorgfalt geschrieben. C. D. 1858.

nach gelegentlichen und längeren Zeiträumen wiederkehrt, und daher übersieht man seine Wirkungen leicht. Es ist die Lehre von Malthus, die in den meisten Fällen mit zehnfacher Kraft zur Geltung kommt. Da es für die Bewohner aller Klimate Zeiten größeren und geringeren Ueberflusses giebt, so vermehren sie sich alle mit jedem Jahre, und die moralische Zurückhaltung, welche in geringem Grade das Anwachsen des Menschengeschlechtes zügelt, geht vollständig verloren. Selbst das langsam sich vermehrende Menschengeschlecht hat sich in 25 Jahren verdoppelt; und wenn dasselbe sich leichter mehr Nahrung verschaffen könnte, so würde es sich in kürzerer Zeit verdoppeln. Trotzdem für jede Thierart die Menge der Nahrungsmittel ohne künstliche Unterstützung durchschnittlich constant sein muß, so haben doch alle Organismen die Tendenz, sich in geometrischer Progression zu vermehren, in einer ungeheueren Mehrzahl von Fällen aber nach einem weit bedeutenderen Maßstabe. Nehmen wir an einem bestimmten Orte acht Paar Vögel als existirend an, von denen nur vier Paar jährlich (inclusive der doppelten Brut) nur vier Junge großziehen, welche wiederum ihre Jungen nach demselben Verhältniß großziehen, so werden am Ende von sieben Jahren (ein kurzes Leben, in welchem gewaltsame Todesarten ausgeschlossen sind) 2048 an Stelle der ursprünglichen sechszehn Vögel vorhanden sein. Da eine solche Vermehrung ganz unmöglich ist, so müssen wir folgern, daß entweder die Vögel nicht die Hälfte ihrer Jungen aufziehen, oder daß die durchschnittliche Lebensdauer eines Vogels infolge von Unfällen kaum 7 Jahre beträgt. Beide Ursachen zur Verminderung der Individuen wirken wahrscheinlich nebeneinander. Eine ähnliche Berechnung auf alle Pflanzen und Thiere übertragen, fördert mehr oder weniger schlagende Resultate ans Licht, aber in sehr wenigen Fällen schlagendere als beim Menschen.

Viele praktische Belege zu dieser Tendenz, sich rapide zu vermehren, sind aufgezeichnet; dazu gehört das Auftreten einer außergewöhnlichen Anzahl gewisser Thiere zu bestimmten Zeiten; so wimmelte zum Beispiel in La Plata, während der Jahre 1826 bis 1828, als infolge der Trockenheit einige Millionen Stück Vieh umkamen, das ganze Land thatsächlich von Mäusen. Es kann nun, glaube ich, nicht bezweifelt werden, daß während der Paarungszeit alle Mäuse (mit Ausnahme einiger weniger Männchen und Weibchen) sich regelmäßig paaren, und daß daher dieses erstaunliche Wachsthum während dreier Jahre dem Umstande zugeschrieben werden muß, daß eine größere Anzahl als gewöhnlich das erste Jahr überlebte, dann sich paarte und so fort, bis zum dritten Jahre, in welchem die Zahl bei der Wiederkehr nassen Wetters auf ihr gewöhnliches Niveau zurückgeführt wurde. Da, wo der Mensch Pflanzen und Thiere in neue und für sie günstige Verhältnisse eingeführt hat, giebt es viele Berichte darüber, in wie überraschend wenigen Jahren die ganze Gegend von denselben eingenommen worden ist. Dieses Anwachsen würde nothwendigerweise aufhören, sowie die Gegend vollkommen besetzt ist; und doch haben wir nach dem, was man von wilden Thieren weiß, allen Grund anzunehmen, daß alle sich im Frühjahr paaren. In der Mehrzahl der Fälle ist es höchst schwierig sich vorzustellen, wohin der zerstörende Einfluß fällt — obgleich im Allgemeinen zweifellos auf die Keime, die Eier und die Jungen; aber wenn wir bedenken, wie unmöglich es selbst beim Menschen ist (der so viel besser gekannt ist als irgend ein anderes Thier) aus wiederholten gelegentlichen Beobachtungen zu abstrahiren, welches die durchschnittliche Lebensdauer, oder den verschiedenen Procentsatz an Todesfällen und Geburten in verschiedenen Ländern festzustellen, so brauchen wir uns nicht zu wundern, daß wir unfähig sind, herauszufinden, wo irgend ein Thier oder eine Pflanze die Beeinträchtigung erfährt. Man sollte sich stets daran erinnern, daß in den meisten Fällen die zerstörenden Einflüsse in einem **geringen gleichmäßigen Grade jährlich wieder**kehren und in einem **außerordentlich starken** nur während ungewöhnlich kalter, heißer, trockener oder nasser Jahre, der Constitution der in Frage stehenden Wesen gemäß. Wird irgend eine Ursache, welche eine Abnahme der Individuenzahl bewirkt, nur im geringsten Grade gehoben, so erhöhen die in jedem Organismus in geometrischer Progression wirkenden Kräfte der Vervielfältigung die Durchschnittszahl der begünstigten Art fast momentan. Es erfordert viel Nachdenken, um diese Ansichten vollständig durchzuführen. Man müßte **Malthus'** Werk über den Menschen studiren; und alle ähnlichen Fälle, wie die der **Mäuse in La Plata,** der **Rinder und Pferde in Südamerika,** nachdem sie zuerst dort freigelassen wurden, der **Vögel** nach unserer Berechnung ꝛc., müßten sorgfältig betrachtet werden. Man bedenke die enorme Vervielfältigungskraft, welche allen Thieren **inhärent und jedes Jahr bei ihnen thätig ist**; man bedenke die zahllosen Keime, welche Jahr auf Jahr auf hunderterlei merkwürdigen Wegen über die ganze Oberfläche des Landes verbreitet werden; und doch haben wir allen Grund anzunehmen, daß der durchschnittliche Procentsatz aller Einwohner eines Landes gewöhnlich constant bleibt. Schließlich möge man den Gedanken fassen, daß diese Durchschnittszahl von Individuen (bei gleichbleibenden äußeren Bedingungen) in jedem Lande durch wiederkehrende Kämpfe gegen andere Arten oder gegen die äußere Natur (wie an den Grenzen der arktischen Regionen, wo die Kälte das Leben beeinträchtigt) aufrecht erhalten wird, und daß gewöhnlich jedes Individuum einer jeden Art seinen Platz behauptet, **entweder durch eigene**

Kämpfe und durch die Fähigkeit, sich während einer Zeit seines Lebens vom Eizustande an Nahrung zu verschaffen, oder durch den Kampf seiner Eltern (bei kurzlebigen Organismen, wenn der hauptsächlichste zerstörende Einfluß in längeren Zwischenräumen wirkt) mit anderen Individuen derselben oder verschiedener Arten.

Aber die äußeren Verhältnisse eines Landes mögen sich ändern. Wenn in geringerem Grade, so werden die relativen Verhältnißzahlen der Bewohner in den meisten Fällen nur leicht verändert werden; wenn aber die Zahl der Bewohner eine geringe ist, wie auf einer Insel, und der freie Zuzug zu derselben aus anderen Ländern beschränkt, und wenn die Verhältnisse sich weiter ändern, in einem solchen Falle können die ursprünglichen Bewohner den veränderten Bedingungen nicht mehr so vollkommen angepaßt sein, wie sie es ursprünglich waren. Es ist in einem früheren Theile dieses Werkes gezeigt worden, daß ein solcher Wechsel in den äußeren Verhältnissen, da er auf das Reproductiv-system wirkt, wahrscheinlich die Organisation jener Wesen, welche am meisten beeinflußt werden, zu einer leichter veränderlichen (plastischen) umgestalten wird, wie im Zustande der Domestication. Kann es nun wohl bezweifelt werden, daß ein aus dem Kampfe, welchen ein jedes Individuum zu seiner Erhaltung zu führen hat, resultirendes auch noch so geringes Variiren der Structur, der Gewohnheiten oder Instincte, wodurch jenes Individuum den neuen Verhältnissen besser angepaßt ist, auf seine Kraft und Gesundheit wirken wird? In dem allgemeinen Kampfe würde es eine bessere Chance haben zu überleben; und diejenigen seiner Abkömmlinge, welche die Abweichung vom Typus, und sei sie eine noch so leichte, ererbten, würden ebenfalls eine bessere Chance haben. Jährlich werden mehr gezeugt, als überleben können und das kleinste Korn in der Wagschale muß am Ende den Ausschlag geben, wer sterben, wer überleben soll. Wenn nun diese Arbeit der Zuchtwahl auf der einen und die des Todes auf der anderen Seite tausend Generationen hindurch fortwirkt, wer möchte wohl zu behaupten wagen, daß sie keine Wirkung hervorrufen wird, wenn wir uns nur daran erinnern, welchen Einfluß Bakewell auf das Rindvieh und Western auf die Schafe durch das identische Princip der Zuchtwahl in wenigen Jahren gewonnen haben?

Um ein imaginäres Beispiel von fortschreitenden Veränderungen auf einer Insel zu geben: — es möge die Organisation eines zum Hundegeschlechte gehörigen Thieres, welches hauptsächlich auf Kaninchen, und nur manchmal auf Hasen jagt, leicht plastisch, d. h. äußeren, es verändernden Einflüssen leicht zugänglich werden; es mögen eben diese Veränderungen bewirken, daß die Zahl der Kaninchen sehr langsam ab- und die der Hasen zunehme; so wäre das Resultat davon, daß der Fuchs oder der Hund zu dem Versuche gedrängt würden, mehr Hasen zu fangen: da jedoch ihre Organisation in geringem Grade verändernden Einflüssen zugänglich, plastisch, ist, so würden jene Individuen, welche die zierlichsten Formen, die längsten Beine und die besten Augen haben, und wenn der Unterschied auch noch so unbedeutend wäre, in geringem Grade begünstigt sein, dahin neigen länger zu leben und jene Zeit des Jahres zu überdauern, in welcher die Nahrung am spärlichsten vorhanden ist; sie würden auch mehr Junge aufziehen, welche die Tendenz hätten, diese kleinen Eigenartigkeiten zu vererben. Die wenigst schnellen würden grausam vernichtet werden. Ich kann nicht mehr Grund sehen, es zu bezweifeln, daß diese Ursachen nach tausend Generationen eine merkbare Wirkung hervorrufen, und die Formen des Fuchses oder des

Hundes der Jagd auf Hasen statt auf Kaninchen anpassen würden, als daß Windspiele durch Zuchtwahl und sorgfältige Paarung verfeinert werden können. Ebenso würde es Pflanzen unter ähnlichen Umständen ergehen. Wenn die Anzahl von Individuen einer Art mit befiedertem Samen durch eine größere Fähigkeit sich innerhalb ihres eigenen Areals zu verbreiten erhöht werden könnte (was der Fall wäre, wenn der zerstörende Einfluß hauptsächlich auf die Samen fiele), so würden jene Samenkörner, welche mit einer auch noch so kleinen Samenkrone versehen wären, sich schließlich am meisten verbreiten; infolge davon würde eine größere Anzahl von so gebildeten Samenkörnern keimen und dahin neigen Pflanzen zu produciren, welche die in leichtem Maße besser angepaßte Samenkrone erben. [1]

Neben diesem natürlichen Mittel der Zuchtwahl, durch welche diejenigen Individuen erhalten werden, welche, sei es im Eizustande, als Larven oder als ausgewachsene Thiere, am Besten dem Platze, den sie in der Natur einnehmen, angepaßt sind, giebt es ein zweites Agens, welches bei den meisten Thieren in Wirksamkeit tritt und denselben Effect hervorzubringen strebt, nämlich, den **Kampf der Männchen um die Weibchen.** Diese Kämpfe werden im Allgemeinen durch das Schlachten-Gesetz entschieden, aber bei den Vögeln z. B. allem Anscheine nach durch die Reize ihres Gesanges, durch ihre Schönheit oder ihre Kunst im Freien, wie bei dem tanzenden Klipphuhn von Guyana [2]). Die kräftigsten und gesundesten Männchen, welche vollkommen den Verhältnissen sich

---

[1]) Ich kann hierin keine größere Schwierigkeit erblicken, als darin, daß der Pflanzer seine Varietäten der Baumwollenstaude verbessert. — C. D. 1858.

[2]) Rupicola aurantia. A. d. Ue.

angepaßt haben, müssen im Allgemeinen den Sieg über ihre Mitbewerber davontragen. Diese Art von Zuchtwahl ist jedoch weniger streng, als die andere; sie fordert nicht den Tod der Besiegten, sondern verringert nur ihre Nachkommenschaft. Zudem fällt dieser Kampf in eine Jahreszeit, in welcher im Allgemeinen Nahrung im Ueberfluß vorhanden, und vielleicht ist der größte dadurch hervorgerufene Effect die Modification der secundären Geschlechtscharaktere, welche zu der Fähigkeit, sich Nahrung zu verschaffen oder sich gegen Feinde zu vertheidigen, keine Beziehung haben, sondern nur zu der mit anderen Männchen zu kämpfen oder zu rivalisiren. Das Resultat dieses Kampfes unter den Männchen mag nach einer Seite hin mit demjenigen verglichen werden, welches durch jene Landwirthe hervorgerufen wird, die wenig Aufmerksamkeit auf die sorgsame Auswahl aller ihrer jungen Thiere legen und mehr auf die gelegentliche Einwirkung eines auserlesenen Männchens.

II.

Ein Abschnitt eines Briefes
von
Charles Darwin
an Professor Asa Gray. Boston, V. St.,
datirt Down, d. 5. September 1857.[1]

1. Es ist wunderbar, was das Princip der Zuchtwahl durch den Menschen, d. h. das Auswählen von Individuen mit irgend einer wünschenswerthen Eigenschaft und das Paaren derselben und das Wiederauswählen bewirken kann. Selbst Züchter sind über ihre eigenen Resultate erstaunt gewesen. Sie können auf Unterschiede wirken, welche einem Laienauge unberechenbar scheinen. Zuchtwahl ist in Europa erst seit dem letzten halben Jahrhundert **methodisch** betrieben worden; aber gelegentlich und selbst in geringem Grade methodisch hat man sie zu den ältesten Zeiten geübt. Es muß auch eine Art von unbewußter Zuchtwahl seit sehr langer Zeit stattgefunden haben, nämlich durch das Halten einzelner Thiere (ohne Gedanken an ihre Nachkommen), welche allen Menschenracen je unter besonderen Verhältnissen am nützlichsten gewesen sind. Das Zerstören von Varietäten, welche von

---

[1] Veröffentlicht im Jahre 1858.

ihrem Typus abweichen, wie es der Kunstgärtner vornimmt, ist eine Art von Zuchtwahl. Ich bin überzeugt, daß beabsichtigte oder zufällige Zuchtwahl das Hauptagens bei der Bildung unserer Hausracen abgegeben hat, aber wie dem auch sein mag, ihre große Fähigkeit sich zu modificiren hat sich unbestritten in späteren Zeiten gezeigt. Zuchtwahl wirkt nur durch die Häufung leichter oder größerer Abweichungen, welche durch äußere Verhältnisse, oder durch die bloße Thatsache, daß das Kind nicht absolut seinem Vater gleicht, hervorgerufen werden. Der Mensch paßt mit Hülfe dieser Fähigkeit, Abweichungen zu häufen, lebende Wesen ihren Bedürfnissen an, — man kann sagen, er macht die Wolle eines Schafes für Teppiche, die eines anderen für Tuch passender etc.

2. Wenn man sich nun ein Wesen vorstellt, welches nicht lediglich nach der äußeren Erscheinung urtheilte, sondern welches die ganze innere Organisation studiren könnte, welches nie launenhaft vorginge und ein Objekt Millionen von Generationen hindurch gezüchtet hätte; wer möchte wohl sagen, was es nicht bewirken könnte? In der Natur kommt leichtes Variiren gelegentlich in allen Theilen vor; und ich meine, man kann zeigen, daß veränderte Existenzbedingungen die Hauptursache davon sind, daß das Kind nicht genau seinen Eltern gleicht; die Geologie zeigt uns nun, welche Veränderungen Platz gegriffen haben und noch Platz greifen. Es handelt sich da um fast unbegrenzte Zeiträume; nur ein practischer Geologe kann das vollkommen würdigen. Man denke an die Eiszeit, während deren ganzen Verlauf wenigstens dieselben Muschel-Arten existirt haben; es müssen während dieser Periode Millionen auf Millionen von Generationen einander gefolgt sein.

3. Ich glaube, man kann zeigen, daß eine solche unfehlbare Macht in der natürlichen Zuchtwahl (der Titel meines

Buches) welche ausschließlich zum Vortheil eines jeden organischen Wesens auswählt, arbeitet. Der ältere de Candolle, W. Herbert und Lyell haben vortrefflich über den Kampf ums Dasein geschrieben; aber auch sie haben die Sache nicht stark genug betont. Man denke doch daran, daß ein jedes Wesen, (selbst der Elephant) sich in einem solchen Verhältniß vermehrt, daß in wenigen Jahren, oder mindestens in wenigen Jahrhunderten die Oberfläche der Erde die Nachkommenschaft eines einzigen Paares nicht fassen könnte. Es ist mir schwer geworden den Gedanken zu fassen, daß die Vermehrung der Individuenzahl einer jeden einzelnen Art während eines Theiles ihres Lebens, oder während des Lebens einer in kurzen Zeiträumen wiederkehrenden Generation, so sehr behindert werden sollte. Nur einige wenige jener jährlich Geborenen können leben, um ihr Geschlecht fortzupflanzen. Eine wie unbedeutende Differenz muß oft bestimmen, wer überleben und wer untergehen soll!

4. Nehmen wir jetzt den Fall an, daß ein Land einer Veränderung unterworfen ist. Diese wird bewirken, daß einige seiner Bewohner leicht variiren — nicht etwa daß ich glaubte die meisten Wesen variirten nicht zu allen Zeiten genug, daß Zuchtwahl auf sie einwirken könnte. Einige seiner Bewohner werden aussterben, und die Ueberlebenden werden der gegenseitigen Einwirkung einer von der alten verschiedenen Art von Bewohnern ausgesetzt sein, was, wie ich glaube, für das Leben eines jeden Wesens weit wichtiger ist als das Klima allein. Wenn ich die unendlich verschiedenen Wege betrachte, welche lebende Wesen betreten, um sich Nahrung zu verschaffen, indem sie mit anderen Organismen kämpfen, um zu verschiedenen Zeiten ihres Lebens Gefahren zu entgehen, um ihre Eier oder Samen zu verbreiten ꝛc. ꝛc., so kann ich es nicht in Zweifel ziehen, daß während Mil-

lionen von Generationen Individuen einer Art mit irgend einer leichten Abweichung, welche für irgend einen Theil ihrer Organisation vortheilhaft ist, gelegentlich geboren werden. Solche Individuen werden eine bessere Chance haben zu überleben und ihre neue und leicht abweichende Structur zu vererben; und die Modification mag leicht durch die accumulative Thätigkeit der natürlichen Zuchtwahl bis auf irgend ein vortheilhaftes Maß gebracht werden. Die so gebildete Varietät wird entweder mit der elterlichen Form coexistiren oder, gewöhnlicher, dieselbe vernichten. Ein organisches Wesen wie der Specht oder die Mistel kann auf diese Weise einer Menge von Verhältnissen angepaßt werden — indem die natürliche Zuchtwahl jene leichten Abweichungen allen Theilen seiner Structur, welche ihm auf irgend eine Weise zu irgend einer Lebenszeit nützlich sind, aufhäuft.

5. Vielfältige Schwierigkeiten werden einem Jeden in Bezug auf diese Theorie aufstoßen. Viele können, glaube ich, zufriedenstellend beseitigt werden. Natura non facit saltum beseitigt einige der bedeutendsten. Die Langsamkeit der Veränderung und die Thatsache, daß nur sehr wenige Individuen zu gleicher Zeit einer Veränderung unterworfen sind, beseitigt andere. Die äußerste Unvollkommenheit unserer geologischen Berichte beseitigt noch andere.

6. Ein weiteres Princip, welches das Princip der Divergenz genannt werden kann, spielt, glaube ich, eine wichtige Rolle bei der Entstehung der Arten. Derselbe Platz wird mehr Leben beherbergen können, wenn er von sehr verschiedenartigen Formen bewohnt wird. Wir sehen dieses bei den vielen generischen Formen auf einem Stück Rasen von der Größe einer Quadratelle und bei den Pflanzen und Insecten auf irgend einem kleinen gleichförmigen Eiland, welche fast immer zu ebenso vielen

Gattungen und Familien als Arten gehören. Wir können den Sinn einer solchen Thatsache bei den höheren Thieren, deren Gewohnheiten wir verstehen, begreifen. Wir wissen es experimentell dargethan, daß ein Fleck Landes mehr abwirft, wenn er mit verschiedenen Arten und Gattungen von Gräsern, als wenn er nur mit zwei oder drei Arten besä't ist. Man kann nun sagen, daß jedes organische Wesen, indem es sich so rapide vermehrt, mit aller Macht dahin strebt, seine Individuenzahl zu steigern. So wird es mit den Abkömmlingen einer jeden Art der Fall sein, nachdem sie sich in Varietäten, oder Unterarten, oder echte Arten gespalten hat. Und es folgt, glaube ich, aus den vorstehenden Thatsachen, daß der variirende Abkömmling jeder Art versuchen wird (nur wenigen wird es gelingen), sich auf so vielen und so verschiedenen Plätzen, wie nur möglich, im Haushalte der Natur, festzusetzen. Jede neue Varietät oder Art wird, wenn sie einmal gebildet ist, gewöhnlich den Platz ihrer weniger den Verhältnissen gewachsenen Eltern einnehmen und dieselben auf diese Weise vernichten. Das ist, glaube ich, der Ursprung der Classification und der Verwandtschaften der organischen Wesen zu allen Zeiten; denn organische Wesen scheinen sich wieder und wieder zu verzweigen, wie die Aeste eines Baumes vom Hauptstamme aus, indem die blühenden und auseinander tretenden Zweige die weniger kräftigen zerstören — es repräsentiren die todten und abgefallenen Zweige in grober Weise die ausgestorbenen Gattungen und Familien.

Diese Skizze ist höchst unvollkommen; aber auf einem so kurzen Raume kann ich sie nicht besser geben. Ihre Phantasie muß große Lücken ausfüllen.

C. Darwin.

III.
Ueber das Gesetz, welches das Entstehen neuer Arten regulirt hat.
Von
Alfred Russel Wallace.[1]

Ein jeder Naturforscher, welcher seine Aufmerksamkeit auf die Frage nach der geographischen Verbreitung der Thiere und Pflanzen gerichtet hat, muß an den sonderbaren Thatsachen, welche sie darbietet, Interesse genommen haben. Viele dieser Thatsachen sind ganz verschieden von dem, was man hätte erwarten sollen, und sind bis jetzt zwar als höchst seltsame aber auch als ganz unerklärbare angesehen worden. Nicht eine jener Erklärungen, welche seit Linné's Zeiten zu geben versucht worden sind, wird heutzutage als zufriedenstellend betrachtet; nicht eine derselben hat zureichende Gründe abgegeben, um die zu jener Zeit bekannten Thatsachen zu erklären, oder ist umfassend genug gewesen, um all' den neuen Thatsachen, welche seitdem hinzugefügt worden sind und noch täglich hinzugefügt werden, Rechnung zu tragen. In den letzten Jahren jedoch ist ein helles Licht auf diesen Gegenstand geworfen worden durch geologische Untersuchungen,

---
[1] Veröffentlicht im Jahre 1855.

welche bewiesen haben, daß der gegenwärtige Zustand der Erde und der Organismen, welche sie jetzt bewohnen, lediglich die letzte Stufe einer langen und ununterbrochenen Reihe von Veränderungen ist, denen sie unterworfen gewesen und daß demgemäß ein Versuch die gegenwärtigen Verhältnisse ohne Rücksicht auf jene Veränderungen (wie es oftmals geschehen ist) erklären und deuten zu wollen, zu sehr unvollkommenen und irrthümlichen Schlüssen führen muß.

Die durch die Geologie bewiesenen Thatsachen sind kurz folgende:

— Daß während einer ungeheuer großen, aber unbekannten Periode die Oberfläche der Erde successiven Veränderungen unterworfen gewesen: Land ist unter den Ocean versunken, und neues aus demselben emporgestiegen; Bergketten haben sich aufgethürmt; Inseln sind in Continente verwandelt worden und Continente sind versunken bis sie Inseln wurden; und diese Veränderungen haben nicht nur einmal, sondern vielleicht hunderte, vielleicht tausende von Malen Platz gegriffen.

— Daß all' diese Vorgänge mehr oder weniger beständig stattgefunden haben, aber ungleich in ihrem Fortschreiten gewesen sind — und daß während der ganzen Reihe von Entwicklungen das organische Leben der Erde eine entsprechende Veränderung erlitten hat: Diese Veränderung ist ebenfalls stufenweise erfolgt, aber sie ist eine vollständige gewesen, indem nach einem gewissen Zeitraume nicht eine einzige Art existirte, welche am Beginne der Periode gelebt hatte. Diese vollständige Erneuerung der Lebeformen scheint ebenfalls verschiedene Male stattgehabt zu haben.

— Daß von der letzten geologischen Epoche bis zur gegenwärtigen oder historischen der Wechsel in der organischen Lebewelt stufenweise vor sich gegangen ist: es kann nämlich das erste

Erscheinen von jetzt existirenden Thieren in vielen Fällen festgestellt werden; ferner ihr allmähliges häufigeres Vorkommen in späteren Formationen, während andere Arten beständig aussterben und verschwinden, so daß der gegenwärtige Zustand der organischen Welt durch einen natürlichen Proceß allmähligen Aussterbens und Neuentstehens von Arten von jenem der spätesten geologischen Perioden klar hergeleitet werden kann. Wir dürfen daher wohl eine ähnliche Abstufung und natürliche Folge von einer geologischen Epoche zu der anderen mit Sicherheit annehmen.

Wenn wir nun dieses als Resultate aus geologischen Untersuchungen festhalten, so sehen wir, daß die gegenwärtige geographische Verbreitung des Lebens auf der Erde der Effect aus allen vorhergehenden Veränderungen, sowohl der Erdoberfläche selbst, als auch ihrer Bewohner, sein muß. Viele Ursachen, welche uns stets unbekannt bleiben werden, haben zweifellos mitgewirkt und wir dürfen daher erwarten, daß eine Menge von Einzelheiten der Erklärung sehr schwer zugänglich sein werden; indem wir es nun versuchen, eine solche zu geben, müssen wir geologische Veränderungen in Betracht ziehen, welche höchst wahrscheinlicherweise stattgefunden haben, obgleich wir keinen directen Beweis ihrer individuellen Wirksamkeit besitzen.

Die bedeutende Vermehrung unserer Kenntnisse innerhalb der letzten 20 Jahre sowohl hinsichtlich der gegenwärtigen als auch der vergangenen Geschichte der organischen Welt, hat eine solche Masse von Thatsachen aufgehäuft, daß diese uns wohl eine genügende Grundlage zu einem umfassenden Gesetz abgeben können, welches sie alle begreift und erklärt und neuen Untersuchungen eine bestimmte Richtung anweis't. Schon vor etwa 10 Jahren hat sich die Idee eines solchen Gesetzes dem Schreiber dieser

Abhandlung aufgedrängt und er hat seitdem eine jede Gelegenheit ergriffen um dasselbe durch all' die neuerlich festgestellten Thatsachen, mit welchen er bekannt wurde oder welche er in der Lage war selbst beobachten zu können, auf seine Richtigkeit hin zu prüfen. Diese haben alle dazu gedient, ihn von der Stichhaltigkeit seiner Hypothese zu überzeugen. Um einen derartigen Gegenstand vollständig abzuhandeln, wäre ein großer Raum erforderlich und nur in Folge einiger kürzlich in die Oeffentlichkeit gelangter Ansichten, welche eine verkehrte Richtung einzuschlagen scheinen, wagt er es jetzt, seine Ideen (mit solchen erläuternden Beweisen und Schlußfolgerungen, wie sie sich an einem Orte bieten, der so weit von jeder Gelegenheit zum Studium und zur genauen Information abliegt), dem Publicum vorzutragen.

Die folgenden Sätze aus den Gebieten der organischen Geographie und der Geologie liefern die Hauptthatsachen auf welche sich die Hypothese stützt.

Geographie.

1) Große Gruppen, wie Klassen und Ordnungen, sind im Allgemeinen über die ganze Erde verbreitet, während kleinere, wie Familien und Gattungen, häufig auf eine Gegend und oft nur auf einen sehr begränzten District angewiesen sind.

2) In weit verbreiteten Familien sind die Gattungen oft auf bestimmte Gegenden begränzt; in weit verbreiteten Gattungen sind gut markirte Arten=Gruppen jedem geographischen District eigenthümlich.

3) Wenn eine Gruppe auf einen District beschränkt und reich

an Arten ist, so wird fast unabänderlich die nächstverwandte Art an derselben Oertlichkeit oder an nahe anliegenden gefunden und es ist daher die natürliche Folge der Arten durch Verwandtschaft auch eine geographische.

4) In Ländern von gleichem Klima, aber die durch große Meeresflächen oder hohe Berge von einander getrennt sind, finden sich oft die Familien, Gattungen und Arten des **einen** Landes durch nahe verwandte Familien, Gattungen und Arten, welche dem anderen eigenthümlich sind, repräsentirt.

Geologie.

5) Die Verbreitung der organischen Welt der Zeit nach ist der gegenwärtigen Verbreitung dem Raume nach sehr ähnlich.

6) Die meisten der großen und einige der kleinen Gruppen erstrecken sich durch mehre geologische Perioden.

7) In jeder Periode aber giebt es eigenartige Gruppen, welche nirgend anders gefunden werden und welche sich durch **eine** oder mehre Formationen hindurch erstrecken.

8) Arten **einer** Gattung oder Gattungen **einer** Familie, welche in derselben geologischen Zeit vorkommen sind einander näher verwandt als diejenigen, welche durch Zeit von einander getrennt sind.

9) Wie gemeinhin geographisch in zwei sehr von einander entfernt liegenden Localitäten Arten oder Gattungen nicht vorkommen, ohne daß sie nicht auch an dazwischenliegenden Plätzen gefunden würden, so ist auch geologisch das Leben einer Art oder Gattung nicht unterbrochen worden. Mit anderen Worten: keine Gruppe oder Art ist zweimal in die Erscheinung getreten.

10) Aus diesen Thatsachen kann das folgende Gesetz abgeleitet werden: — Eine jede Art ist sowohl dem Raume als auch der Zeit nach zugleich mit einer vorher existirenden nahe verwandten Art in die Erscheinung getreten.

Dieses Gesetz stimmt überein mit allen Thatsachen, welche mit den folgenden Zweigen des Gegenstandes in Beziehung stehen, es erklärt und illustrirt sie: —

1) Das System der natürlichen Verwandtschaften.
2) Die räumliche Verbreitung der Thiere und Pflanzen.
3) Dieselbe in der Zeit, einschließlich aller Phänomene, welche repräsentirende Gruppen darbieten und aller jener, von welchen Professor Forbes annimmt, daß sie „Polarität" beweisen.
4) Die Phänomene der rudimentären Organe.

Wir wollen jetzt in Kürze die Tragweite des Gesetzes auf jeden dieser einzelnen Punkte zu zeigen versuchen.

Wenn das oben ausgesprochene Gesetz ein wahres Gesetz ist, so folgt daraus, daß die natürliche Reihe der Verwandtschaften ebenfalls die Anordnung repräsentiren muß, in welcher die verschiedenen Arten in die Existenz getreten sind; eine jede hat nämlich als unmittelbare Stammform eine nahe verwandte Art gehabt, welche zur Zeit ihres Entstehens existirte. Die Möglichkeit ist augenscheinlich vorhanden, daß zwei oder drei verschiedene Arten eine gemeinsame Stammform gehabt haben können, und daß alle diese wiederum Stammformen wurden, aus welchen sich andere nah verwandte Arten bildeten. Das Resultat würde dann sein, daß, solange eine jede Art nur eine einzige neue Art nach ihrem Muster gebildet hatte, die Verwandtschaftsreihe eine einfache ist und dargestellt werden kann, indem man die verschiebenen Arten in directer Aufeinanderfolge in gerader Linie unter einander stellt. Allein wenn zwei oder mehr Arten unabhängig von einander nach dem Muster eines gemeinsamen Stammvaters entstanden, dann wird die Verwandtschaftsreihe eine verwickelte und läßt sich nur durch eine gabelige oder vielästige Linie darstellen. Es zeigen nun alle Versuche eine natürliche Classification und Anordnung der organischen Wesen einzuführen, daß diese **beiden** Wege in der Schöpfung eingeschlagen worden sind. Manchmal kann die Verwandtschaftsreihe während eines Zeitraums durch einen directen Fortschritt von Art zu Art oder von Gruppe zu Gruppe dargestellt werden, allein gewöhnlich ist es unmöglich auf diese Weise fortzufahren. Es finden sich constant zwei oder mehre Modificationen **eines** Organes oder Modificationen zweier verschiedener Organe, welche uns auf zwei verschiedene Reihen von Arten leiten, die schließlich so sehr von einander differiren, daß sie verschiedene Gattungen oder Familien bilden. Das sind die parallelen Reihen oder repräsentirenden Gruppen der Naturforscher, und sie kommen oft in von einander verschiedenen Ländern vor, oder werden in von einander verschiedenen Formationen fossil gefunden. Man sagt, sie seien einander analog, wenn sie so weit von ihrer gemeinsamen Stammform abstehen, daß sie hinsichtlich vieler wichtiger Punkte ihrer Structur differiren, aber doch noch eine Familienähnlichkeit bewahren. Wir sehen auf diese Weise, wie schwierig es in jedem einzelnen Falle zu bestimmen ist, ob es sich bei einer vorhandenen Beziehung um eine Analogie oder um eine Verwandtschaft handelt; denn es ist klar, daß, wenn wir die parallelen oder divergenten Reihen entlang gegen die gemeinsame Stammform hin zurückschreiten, die Analogie, welche zwischen den beiden Gruppen existirte, eine Verwandtschaft wird. Wir werden auch die

Schwierigkeit gewahr, die in der Aufgabe liegt, eine richtige Classification vorzunehmen, und sei es auch nur für eine kleine und abgeschlossene Gruppe: — bei dem thatsächlich vorhandenen Zustande der Natur ist es fast unmöglich, diese Aufgabe zu lösen, da die Arten so sehr zahlreich sind und die Modificationen der Form und der Structur so sehr von einander abweichen, eine Thatsache, welche sich wahrscheinlich durch die ungeheueren Mengen von Arten erklärt, die als Stammformen für die existirenden Arten gedient und daher eine complicirte Veräftelung der Verwandtschafts= linien hervorgerufen haben, eine Veräftelung die so verwickelt ist, wie die Zweige einer knorrigen Eiche oder das Gefäßsystem des menschlichen Körpers. Wenn wir dann weiter in Betracht ziehen, daß wir nur Fragmente dieses ungeheueren Systemes besitzen, indem der Stamm und die Hauptäste durch ausgestorbene Arten repräsentirt werden, von welchen wir keine Kenntniß haben, wäh= rend eine ungeheuere Masse von Gliederungen und Zweigen und winzigen Aestchen und zerstreut liegenden Blättern vorhanden ist, welche wir in Ordnung zu bringen und deren richtige ursprüng= liche Lage zu einander wir zu bestimmen haben — so wird uns die große Schwierigkeit einer richtigen natürlichen Classification einleuchten.

Wir sehen uns auf diese Weise genöthigt sowohl alle jene Classificationssysteme zurückzuweisen, welche Arten oder Gruppen in Kreise anordnen, als auch jene, welche eine bestimmte Zahl für die Abtheilungen einer jeden Gruppe a priori festsetzen. Die letztere Klasse ist sehr allgemein von den Naturforschern zurück= gewiesen worden, ungeachtet der Geschicklichkeit, mit welcher für sie plaidirt ward, da sie in einem Widerspruch zur Natur selbst steht; aber das kreisförmige Verwandtschaftssystem scheint festeren Fuß gefaßt zu haben und von vielen hervorragenden Naturfor=

schern bis zu einem gewissen Grade angenommen zu sein. Wir sind jedoch nie im Stande gewesen, einen Fall ausfindig zu machen, in welchem der Kreis durch eine directe oder nahe Verwandtschaft geschlossen werden konnte. In den meisten Fällen ist eine palpable Analogie substituirt worden, in anderen ist die Verwandtschaft sehr dunkel oder durchaus zweifelhaft. Die verwickelte Verzweigung der Verwandschaftslinie in ausgedehnten Gruppen mußte auch dazu beitragen, um einer solchen rein künstlichen Anordnung Wahrscheinlichkeit zu verleihen, ihren Todesstreich aber empfing sie durch die vortreffliche Abhandlung des Herrn Strickland, welche in den „Annals of Natural History" publicirt wurde, und in welcher er die wahre synthetische Methode, das natürliche System zu entdecken, so klar darlegte.

Wenn wir nun die **geographische Verbreitung der Thiere und Pflanzen** auf der Erde betrachten, so werden wir alle Thatsachen auf's Schönste in Uebereinstimmung mit der vorliegenden Hypothese und durch sie erklärt finden. Wenn ein Land Arten, Gattungen und ganze Familien als ihm eigenthümliche besitzt, so wird diese Thatsache das nothwendige Resultat davon sein, daß es während einer langen Zeitperiode, welche zur Erschaffung vieler Reihen von Arten nach dem Typus der vorher existirenden genügend war, isolirt gewesen ist, Arten, welche ebensowohl wie die früher gebildeten ausstarben und auf diese Weise die Gruppe als eine isolirte erscheinen lassen. Wenn in irgend einem Falle die Stammform eine ausgedehnte Verbreitung besaß, so können zwei oder mehre Gruppen von Arten gebildet worden sein, von denen eine jede von jener Stammform in einer besonderen Weise abwich und so verschiedene repräsentirende oder analoge Gruppen bildete. Die Sylviadae von Europa und die Sylvicolidae von Nordamerika, die Heliconidae von Südamerika und die

Euplaeae des Ostens, die Trogon-Gruppe, welche Asien bewohnt und jene, welche Südamerika eigenthümlich ist, das sind Beispiele, welche man auf diese Weise erklären kann.

Solche Phänomene, wie sie die Galapagos-Inseln bieten, welche kleine Pflanzen- und Thier-Gruppen eigenthümlich besitzen, die aber auf's Nächste mit jenen Südamerika's verwandt sind, haben bis dato gar keine, nicht einmal eine muthmaßliche Erklärung erhalten. Die Galapagos-Inseln sind eine vulkanische Gruppe von hohem Alter und standen wahrscheinlich niemals in näherer Verbindung mit dem Festlande, als augenblicklich. Sie müssen zuerst wie andere neu gebildete Inseln durch die Thätigkeit der Winde und Strömungen bevölkert worden sein und es muß das zu einer hinlänglich weit abliegenden Zeitperiode stattgefunden haben, so daß die ursprünglichen Arten aussterben und die modificirten Prototypen allein zurückbleiben konnten. Auf dieselbe Weise können wir eine Erklärung dafür geben, daß eine jede der getrennt liegenden Inseln ihre eigenthümlichen Arten besitzt, entweder durch die Annahme, daß dieselbe ursprüngliche Auswanderung alle Inseln mit denselben Arten bevölkerte, aus denen sich verschieden modificirte Prototypen bildeten, oder durch die, daß die Inseln successive, eine von der anderen aus, bevölkert wurden, aber daß sich neue Arten auf einer jeden nach dem Plane der vorher existirenden bildeten. St. Helena ist ein ähnlicher Fall einer sehr alten Insel, welche eine durchaus eigenthümliche, wenn auch begränzte Flora erhalten hat. Auf der anderen Seite ist keine Insel bekannt, von welcher man beweisen kann, daß sie geologisch einen sehr neuen Ursprung hat (z. B. in der späten Tertiärzeit) und doch generische oder Familien-Gruppen, oder selbst nur viele Arten eigenthümlich besitzt.

Wenn eine Berglette zu einer großen Höhe angestiegen und

während einer langen geologischen Periode in diesem Zustande verblieben ist, so sind die Arten der beiden Seiten an oder nahe ihrer Basis oft sehr von einander verschieden; es finden sich repräsentirende Arten einiger Gattungen vor und selbst ganze Gattungen, welche nur einer Seite eigenthümlich sind, wie man es in bemerkenswerther Weise in dem Falle der Anden und des Felsengebirges sieht. Eine ähnliche Erscheinung bietet sich, wenn eine Insel zu sehr früher Zeit von einem Festlande losgelös't worden ist. Das seichte Meer zwischen der Halbinsel Malaka, Java, Sumátra und Bórneo war in einer frühen Epoche wahrscheinlich ein Continent oder eine große Insel und versank vielleicht, als die vulkanischen Ketten von Java und Sumátra sich erhoben. Die Wirkungen davon auf die organische Welt erblicken wir in einer sehr beträchtlichen Anzahl von Thierarten, welche einigen oder allen diesen Gegenden gemeinsam sind, während zu gleicher Zeit eine Anzahl nah verwandter repräsentirender, einer jeden eigenthümlich angehörender Arten existiren, was beweis't, daß eine beträchtlich lange Zeit seit ihrer Trennung verflossen ist. Es mögen sich auf diese Weise die Thatsachen der geographischen Verbreitung und die der Geologie in zweifelhaften Fällen gegenseitig erklären, wenn die Principien, für welche hier eingetreten wird, erst einmal klar feststehen.

In allen jenen Fällen, in welchen eine Insel von einem Festlande abgetrennt worden ist oder durch vulkanische oder korallinische Thätigkeit aus dem Meere sich erhoben hat, oder in welchen eine Bergkette aufgethürmt wurde zu einer späten geologischen Epoche, werden eigenthümliche Gruppen oder selbst einzelne repräsentirende Arten nicht in die Erscheinung treten. Unsere eigene Insel (Großbritannien) ist hiervon ein Beispiel, indem ihre Loslösung vom Festlande geologisch eine sehr neuerliche ist, und wir demzufolge kaum eine ihr eigenthümliche Art besitzen; und die Alpenkette, eine der neuesten Gebirgserhebungen, trennt Faunen und Floren, welche kaum mehr von einander verschieden sind, als Klima und Breite allein es bedingen.

Die Reihe von Thatsachen, auf welche sich Satz 3 bezieht, daß nah verwandte Arten in reichen Gruppen sich geographisch nahe bei einander finden, ist höchst schlagend und wichtig. Herr Lovell Reeve hat dieses in seiner vortrefflichen und interessanten Abhandlung über die Verbreitung der Bulimi gut auseinandergesetzt. Man findet auch bei den Kolibris und den Tukans kleine Gruppen von zwei oder drei nah verwandten Arten oft in denselben oder nahe benachbarten Districten, wie wir in der glücklichen Lage waren persönlich festzustellen zu können. Fische liefern Beweise ähnlicher Art: jeder große Fluß hat seine eigenthümlichen Gattungen und in verbreiteteren Gattungen seine Gruppen nah verwandter Arten. Allein durch die ganze Natur geht derselbe Zug und jede Klasse und Ordnung der Thiere bietet ähnliche Thatsachen. Bis dato ist kein Versuch gemacht worden, diese sonderbaren Phänomene zu erklären oder zu zeigen, wie sie entstanden sind. Warum sind die Palmen und Orchideen-Gattungen in fast allen Fällen auf eine Hemisphäre beschränkt? Warum findet man die nah verwandten Arten der braunrückigen Trogons alle im Osten und die der grünrückigen im Westen? Warum sind die Makaos und die Kakadus in ähnlicher Weise räumlich begrenzt? Insecten bieten eine zahllose Menge analoger Beispiele dar; — die Goliathi von Afrika, die Ornithopterae der indischen Inseln, die Heliconidae von Südamerika, die Danaidae des Ostens, — bei ihnen allen finden sich die nächst verwandten Arten in geographischer Nachbarschaft. Es drängt sich einem jeden denkenden Geiste die Frage auf —: aus welchem Grunde sind diese Dinge so? Sie könnten nicht so sein, wie sie es sind, wenn kein Gesetz ihre Erschaffung und ihre Verbreitung regulirt hätte. Das hier ausgesprochene Gesetz erklärt nicht nur die Thatsachen, welche existiren, sondern macht sie sogar nothwendig, und die ungeheueren und langandauernden geologischen Veränderungen der Erde tragen den Ausnahmen und den scheinbaren Widersprüchen, welche hier und da vorkommen, leicht Rechnung. Der Zweck, welchen der Schreiber dieser Zeilen verfolgt, indem er seine Ansichten in der vorliegenden unvollkommenen Form bekannt giebt, ist der, daß er dieselben der Prüfung anderer Geister unterwerfen möchte, und daß er alle vermeintlich mit ihnen unvereinbaren Thatsachen kennen zu lernen wünscht. Da seine Hypothese lediglich auf Annahme Anspruch macht um Thatsachen, welche in der Natur existiren, zu erklären und dieselben mit einander zu verknüpfen, so erwartet er, daß man nur Thatsachen vorbringen werde, um sie zu widerlegen, nicht a priori Argumente gegen ihre Wahrscheinlichkeit.

Die Phänomene der geologischen Verbreitung sind genau denen der geographischen analog. Nah verwandte Arten werden in denselben Schichten vereint gefunden, und die Veränderung von Art zu Art scheint in der Zeit ebenso stufenweise stattgehabt zu haben, wie im Raume. Die Geologie bietet uns jedoch den positiven Beweis von dem Aussterben und dem Entstehen von Arten, wenn sie uns auch nicht über die Weise unterrichtet, wie beides stattfand. Allein das Aussterben von Arten bietet nur geringe Schwierigkeit, und der modus operandi ist von Sir Charles Lyell in seinen bewunderungswürdigen „Principles" vortrefflich erläutert worden. Geologische Veränderungen, und seien sie noch so allmählige, müssen gelegentlich die äußeren

Verhältnisse bis zu einem solchen Maße modificirt haben, daß sie die Existenz gewisser Arten unmöglich machten. Das Erlöschen wird in den meisten Fällen durch ein allmähliges Aussterben bewirkt worden sein, aber in einigen Fällen kann wohl eine plötzliche Zerstörung einer Art von begrenzter Verbreitung Platz gegriffen haben. Zu entdecken, wie die ausgestorbenen Arten von Zeit zu Zeit durch neue ersetzt wurden, bis hinunter in die allerspätesten geologischen Perioden, das ist das schwierigste aber zugleich das interessanteste Problem der Naturgeschichte der Erde. Die vorliegende Untersuchung, welche aus bekannten Thatsachen ein Gesetz zu abstrahiren sucht, dessen Herrschaft bis zu einem gewissen Grade bestimmen mußte, welche Arten zu einer gegebenen Zeit erscheinen konnten und erschienen, wird, so hoffe ich, als ein Schritt in gerader Richtung hin zur vollkommenen Lösung des Problemes betrachtet werden.

In den letzten Jahren wurden viele Discussionen über die Frage, ob die Aufeinanderfolge von Lebeformen auf der Erde von einer niedrigen zu einer höheren Organisation hin stattgefunden habe, gepflogen. Die Thatsachen scheinen zu zeigen, daß ein allgemeiner, aber nicht ins Einzelne gehender Fortschritt stattgefunden hat. Weichthiere und Radiaten existirten vor den Wirbelthieren, und der Fortschritt von Fischen zu Reptilien und Säugethieren und auch von niedrigeren Säugethieren zu höheren ist unbestreitbar. Auf der anderen Seite wird behauptet, daß die Weichthiere und Radiaten der allerfrühesten Perioden höher organisirt gewesen als die große Masse der jetzt existirenden, und daß die allerersten Fische, welche entdeckt worden sind, keineswegs die niedrigst organisirten der Klasse repräsentiren. Ich glaube nun, daß die vorliegende Hypothese mit all' diesen Thatsachen im Einklange steht und sie zum großen Theil erklären kann; denn wenn sie auch manchen Lesern wesentlich als eine Theorie des Fortschrittes erscheinen mag, so ist sie in Wirklichkeit doch nur eine Theorie der stufenweisen Veränderung. Es ist jedoch durchaus nicht schwer zu zeigen, daß ein wirklicher Fortschritt in der Stufenfolge der Organisationen mit allen Erscheinungen und selbst mit scheinbaren Rückschritten, wenn solche vorkommen, vollkommen besteht.

Indem wir auf die Analogie des sich verästelnden Baumes als auf das beste Bild, welches die natürliche Anordnung der Arten und ihrer successiven Erschaffung repräsentirt, zurückgreifen, wollen wir annehmen, daß zu einer frühen geologischen Epoche irgend eine Gruppe (sagen wir eine Klasse der Weichthiere) zu einem großen Arten-Reichthum und zu einer hohen Organisation gelangt ist. Es möge nun dieser große Zweig verwandter Arten durch geologische Veränderungen vollständig oder theilweise vernichtet werden. Infolge davon wird ein neuer Zweig aus demselben Stamme hervorbrechen, d. h. neue Arten werden successive geschaffen, die als Stammväter dieselben niedriger organisirten Arten haben, welche die Stammväter der früheren Gruppe waren, aber welche die veränderten Verhältnisse überlebten, die jene zerstörten. Diese neue, veränderten Verhältnissen unterworfene Gruppe erfährt Modificationen in der Structur und der Organisation, und wird die repräsentirende Gruppe der früheren in einer anderen geologischen Formation. Es mag sich nun jedoch ereignen, daß die neue Reihe von Arten, wenn auch später in der Zeit, doch nie einen so hohen Grad der Organisation erreicht wie jene, welche ihr voranging, aber zu ihrer Zeit ausstarb und noch einer anderen Modification aus derselben Wurzel Raum gab, welche von einer höheren oder niedrigeren

Organisation, mehr oder weniger zahlreich an Arten und mehr oder weniger verschiedenartig in Form und Structur als irgend welche von denen, die ihr vorhergingen, sein kann. Dann wiederum braucht nicht eine jede dieser Gruppen total auszusterben, sondern nur einige wenige Arten zu persistiren, deren modificirte Prototypen in jeder darauf folgenden Periode existirten, als schwache Erinnerungszeichen an frühere Größe und Ueppigkeit. Auf diese Weise kann ein jeder Fall scheinbaren Rückschrittes in Wahrheit ein Fortschritt sein, wenn auch ein unterbrochener: wenn ein König des Waldes einen Ast verliert, so kann dieser durch einen schwachen und siechen Stellvertreter ersetzt werden. Diese Bemerkungen scheinen ihre Anwendung finden zu können auf den Fall der Weichthiere, welche in einer sehr frühen Zeit zu einer hohen Organisation und einer großen Entwicklung der Formen und Arten in den schalentragenden Cephalopoden gelangt waren. In jedem darauf folgenden Zeitalter ersetzten modificirte Arten und Gattungen die früheren, welche ausstarben, und wenn wir uns der gegenwärtigen Aera nähern, so bleiben nur wenige und kleine Repräsentanten der Gruppe übrig, während die Gasteropoden und die Bivalven ein ungeheueres Uebergewicht erlangt haben. In der langen Reihe von Veränderungen, welche die Erde erlitten hat, ist der Proceß der Bevölkerung mit organischen Wesen beständig vor sich gegangen, und wenn immer irgend eine der höheren Gruppen fast oder ganz ausstarb, dienten die niedrigeren Formen, welche den modificirten physischen Verhältnissen besser widerstanden, als Stammformen, von denen neue Reihen ausgingen. Nur auf diese Weise können, glaube ich, die repräsentirenden Gruppen in aufeinander folgenden Zeitperioden und das Steigen und Fallen in der Stufenfolge der Organisationen in allen Fällen erklärt werden.

Die Hypothese der „Polarität", welche kürzlich von Professor Edward Forbes aufgestellt wurde, um der Fülle generischer Formen in einer sehr frühen Periode und in der Jetztzeit Rechnung zu tragen, während in dazwischen liegenden Epochen eine stufenweise erfolgende Verminderung und Verarmung stattgefunden hat, bis das Minimum an den Grenzen der paläozoischen und Sekundär-Periode erreicht wurde, erscheint uns ganz unnöthig, da die Thatsachen bereits genügend durch die schon entwickelten Principien erklärt werden können. Die paläozoische und neozoische Periode von Professor Forbes haben kaum eine Art gemeinsam, und der größere Theil der Gattungen und Familien wird auch nicht mehr durch neue ersetzt. Es ist fast allgemein zugegeben, daß ein solcher Wechsel in der organischen Welt eine ungeheuere Zeitperiode in Anspruch genommen haben muß. Von dieser Zwischenzeit haben wir keine Berichte; wahrscheinlich weil das ganze Areal früher Formationen, welches jetzt der Untersuchung zugänglich ist, am Ende der paläozoischen Periode gehoben wurde und die ganze Zwischenzeit, welche für die organischen Veränderungen nothwendig war, so verblieb, Veränderungen, welche auf die Fauna und Flora der Secundärzeit Einfluß hatten. Die Geschichte dieser Zwischenzeit ist unter dem Ocean, welcher drei Viertel der Erde bedeckt, vergraben. Es scheint nun im höchsten Grade wahrscheinlich, daß eine lange Periode der Ruhe oder Stabilität in den physischen Verhältnissen eines Districtes für die Existenz des organischen Lebens im größten Ueberflusse höchst günstig ist, sowohl hinsichtlich der Menge der Individuen als auch hinsichtlich der Mannigfaltigkeit der Arten und der generischen Gruppen, gerade so, wie wir jetzt sehen, daß die Oertlichkeiten, welche am Besten für das rapide Wachsthum und Vermehren von Individuen geeignet sind, auch die größten Ueberfülle an Arten und die größte Mannigfaltigkeit an Formen enthalten, — die Tropen verglichen mit den gemäßigten und arctischen Regionen. Auf der anderen Seite scheint es nicht weniger wahrscheinlich, daß ein Wechsel in den physischen Verhältnissen eines Districtes, wenn er auch gering ist, aber rapide vor sich geht, oder selbst allmählich eintritt, aber bedeutend ist, in hohem Maße ungünstig für die Existenz der Individuen sein, das Aussterben vieler Arten zur Folge haben und wahrscheinlicherweise ebenso ungünstig für die Erschaffung neuer Arten sein wird. Hierin mögen wir ebenfalls eine Analogie mit dem gegenwärtigen Zustand unserer Erde finden; denn es ist bewiesen worden, daß die heftigen Extreme und die rapiden Veränderungen der physischen Verhältnisse mehr als der thatsächlich vorhandene gewöhnliche Zustand in den gemäßigten und kalten Zonen diese weniger fruchtbar macht als die tropischen Regionen, wie es auch die Thatsache beweis't, daß tropische Formen bis weit über die Tropen hinaus dringen, wenn das Klima gleichmäßig ist und daß tropische Berggegenden, welche hauptsächlich von der gemäßigten Zone durch die Gleichförmigkeit ihres Klimas abweichen, reich an Arten und Formen sind. Wie dem aber auch sein mag, so kann man wohl mit Recht annehmen, daß die neuen Arten, von welchen wir wissen daß sie erschaffen wurden, während einer Periode geologischer Ruhe in die Erscheinung traten, daß dann die Neuschaffungen an Zahl die dem Untergange geweihten Formen übertrafen, und daß daher die Zahl der Arten sich vermehrte. In einer Periode geologischer Thätigkeit auf der anderen Seite scheint es wahrscheinlich, daß mehr Formen ausstarben als neugeschaffen wurden, und daß die Zahl der Arten sich demzufolge verminderte. Daß solche Wirkungen Platz griffen in Folge der Ursachen, welche wir ihnen beigemessen haben, das wird durch das Beispiel der Kohlenformation gezeigt, deren Flötzklüfte und Verwerfungen eine Periode großer Thätigkeit und heftiger Convulsionen beweisen: in der Formation, welche unmittelbar auf diese folgt, ist die Armuth an Lebeformen höchst augenscheinlich. Wir haben dann nur eine lange Periode irgend welcher ähnlicher Thätigkeit während der ungeheueren unbekannten Zwischenzeit am Ende der paläozoischen Periode anzunehmen und darauf, während der Secundärperiode, eine Zeit in welcher die Processe weniger heftig und langsamer sich abwickelten, um die allmählige Wiederbevölkerung der Erde mit den verschiedenen Formen zu ermöglichen, und die ganze Reihe von Thatsachen ist erklärt. Wir haben auf diese Weise einen Schlüssel zu der Vermehrung der Lebeformen während gewisser Perioden und zu ihrer Verminderung während anderer, ohne daß wir auf irgend welche andere Ursachen zurückgreifen als auf solche, von denen wir wissen, daß sie existirt haben, und auf andere Wirkungen, als auf solche, welche mit Leichtigkeit von ihnen abgeleitet werden können. Im Einzelnen ist die Art, in welcher die geologischen Veränderungen in den früheren Formationen stattfanden, so außerordentlich dunkel, daß, wenn wir wichtige Thatsachen durch eine Verzögerung zu einer Zeit und durch eine Beschleunigung eines Processes zu einer anderen erklären können, eines Processes den wir aus seiner eigenen Natur und aus der Beobachtung als einen ungleich wirkenden kennen, — eine so einfache Ursache sicherlich einer so dunkelen und hypothetischen, wie die Polarität es ist, vorgezogen werden kann.

Ich würde es auch wagen einige Gründe gegen die Natur selbst der Forbes'schen Theorie vorzubringen. Unsere Kenntniß der organischen Welt während irgend einer geologischen Epoche ist nothwendigerweise höchst unvollkommen. Wenn man die ungeheuere Zahl von Arten und Gruppen, welche von Geologen entdeckt worden sind, im Auge hat, so konnte man das vielleicht in Zweifel ziehen; allein wir sollten i h r e Zahlen nicht lediglich mit denen vergleichen, welche jetzt auf der Erde existiren, sondern mit viel größeren. Wir haben keinen Grund zu glauben, daß die Zahl der Arten auf der Erde zu irgend einer früheren Periode eine geringere gewesen, als sie es jetzt ist; auf jeden Fall war der im Wasser lebende Antheil, welchen die Geologen am Besten kennen, wahrscheinlich oft ebenso groß oder größer. Nun wissen wir, daß viele vollständige Arten=Wechsel stattgefunden haben; neue Reihen von Organismen sind zu vielen Malen an Stelle der alten, welche ausstarben, eingeführt worden, so daß der Totalbetrag, welcher auf der Erde von der frühesten geologischen Periode her vorhanden ist, sich in derselben Proportion zu dem jetzt lebenden verhalten muß, wie die ganze menschliche Race, welche auf der Erde gelebt hat und gestorben ist, zu der Bevölkerung der Jetztzeit. Denn es war zweifellos zu jeder Zeit die g a n z e Erde ebenso wie jetzt mehr oder weniger der Schauplatz des Lebens, und wenn die aufeinanderfolgenden Generationen jeder Art starben, so wurden wohl ihre Ueberreste und dauerhafteren Theile an allen Stellen der damals existirenden Seen und Oceane, welche wir Grund haben eher ausgebreiteter als weniger ausgebreitet als zur Jetztzeit anzunehmen, niedergelegt. Um also den Werth unserer möglichen Kenntniß der früheren Welt und ihrer Bewohner zu verstehen, müssen wir nicht das Areal des ganzen Feldes unserer geologischen Untersuchungen mit der Oberfläche der Erde vergleichen, sondern das Areal des untersuchten Theiles einer jeden Formation separat mit der ganzen Erde. Während der Silur=Periode beispielsweise war die ganze Erde silurisch; Thiere lebten und starben, verbreiteten ihre Ueberreste mehr oder weniger über das ganze Areal der Erdober=

3

fläche hin und waren wahrscheinlich (wenigstens die Arten) fast ebenso mannigfaltig in verschiedenen Breiten und Längen wie heutzutage. In welcher Proportion stehen die silurischen Districte zu der ganzen Oberfläche der Erde, Land und Meer, (denn weit ausgedehntere silurische Districte existiren wahrscheinlich **unter** als **über** dem Ocean), und ein wie großer Theil der bekannten silurischen Districte ist thatsächlich nach Fossilien durchforscht worden? Würde das Areal von Felsen, welches factisch dem Auge offen gelegt worden ist, den tausendsten oder den zehntausendsten Theil der Erdoberfläche ausmachen? Man lege sich dieselbe Frage vor in Beziehung auf den Oolith oder den Kalk oder selbst in Beziehung auf besondere Schichten derselben, wenn sie beträchtlich in ihren Fossilien von einander abweichen, und man wird eine Idee davon bekommen, einen wie kleinen Theil des Ganzen wir kennen.

Aber noch viel wichtiger ist die Wahrscheinlichkeit, ja fast die Sicherheit davon, daß ganze Formationen, welche die Geschichte ungeheurer geologischer Perioden enthalten, vollständig unter dem Ocean vergraben und für immer außer unserem Bereiche liegen. Die meisten der Gebirgsspalten der geologischen Zeiten können so ausgefüllt worden sein, und ungeheuere Mengen unbekannter Thiere und solcher, die wir uns kaum vorzustellen vermögen, aber die uns helfen könnten, die Verwandtschaften der zahlreichen isolirten Gruppen, welche den Zoologen beständig in Verlegenheit setzen, aufzuhellen, mögen dort vergraben sein, bis zukünftige Revolutionen sie vielleicht wiederum über Wasser heben, und sie dann irgend einer Race von intelligenten Wesen, welche uns folgen werden, Materialien zum Studium abgeben. Diese Betrachtungen müssen uns zu dem Schlusse leiten, daß unsere Kenntniß der ganzen Reihe der früheren Erdbewohner nothwendigerweise höchst unvollkommen und fragmentarisch ist, — ebenso wie es unsere Kenntniß der gegenwärtigen organischen Welt sein würde, wenn wir gezwungen wären, unsere Sammlungen und Beobachtungen nur an Orten zu machen, welche in gleicher Weise an Ausdehnung und Zahl begrenzt wären, wie jene, welche thatsächlich zum Sammeln von Fossilien offen gelegt sind. Es ist nun die Hypothese von Professor Forbes ihrem Wesen nach eine solche, daß sie in hohem Maße die Vollständigkeit unserer Kenntniß der ganzen Reihe organischer Wesen, welche auf der Erde existirt haben, fordert. Das scheint, abgesehen von allen anderen Betrachtungen, ein schlagender Einwurf gegen dieselbe zu sein. Man wird vielleicht sagen, daß dieselben Einwürfe gegen eine jede Theorie über einen solchen Gegenstand gemacht werden können, allein das ist nicht nothwendig der Fall. Die Hypothese, welche in dieser Abhandlung dargelegt worden ist, hängt in keiner Weise von der Vollständigkeit unserer Kenntniß der früheren organischen Welt ab, sondern nimmt die Thatsachen, welche wir besitzen, als Fragmente eines ungeheueren Ganzen und leitet aus ihnen Einiges über die Natur und die Proportionen jenes Ganzen, welches wir nie im Detail kennen können, ab. Sie ist auf isolirte Gruppen von Thatsachen basirt, sie kennt diese Isolirtheit und versucht es, aus derselben die Natur der dazwischen liegenden Theile abzuleiten.

Eine andere wichtige Reihe von Thatsachen, welche ganz in Uebereinstimmung mit dem Gesetze, welches nun entwickelt ist, steht, und welche selbst eine nothwendige Ableitung aus demselben bildet, ist die der rudimentären Organe. Daß diese thatsächlich existiren und in den meisten Fällen keine specielle Function im thierischen Haushalte haben, das wird von den ersten Autoritäten in der vergleichenden Anatomie zugegeben.

Die kleinen Glieder, welche unter der Haut bei vielen schlangen=
artigen Eidechsen verborgen liegen, die Analhöcker der Boa
constrictor, die vollständige Reihe verbundener Fingerknochen
in der Flosse des Manatus und Wallfisches, das sind
einige wenige der bekanntesten Beispiele. In der Botanik ist
eine ähnliche Klasse von Thatsachen seit Langem bekannt. Un=
fruchtbare Staubgefäße, rudimentäre Blumenhüllen und unent=
wickelte Fruchtblätter kommen äußerst häufig vor. Jedem denkenden
Naturforscher muß sich die Frage aufwerfen: Zu welchem Zwecke
sind diese vorhanden? Was haben sie mit dem großen Gesetze
der Schöpfung zu thun? Lehren sie uns nicht Etwas von dem
Systeme der Natur? Wenn eine jede Art unabhängig von der
anderen erschaffen worden ist und ohne nothwendige Beziehung
zu vorher existirenden Arten, was bedeuten dann diese Rudimente,
diese scheinbaren Unvollkommenheiten? Es muß eine Ursache für
sie geben; sie müssen die nothwendigen Resultate irgend eines
großen Naturgesetzes sein. Wenn nun, wie es zu zeigen ver=
sucht wurde, das große Gesetz, welches die Bevölkerung der Erde
mit thierischem und pflanzlichem Leben regulirt hat, das ist, daß
jede Veränderung stufenweise erfolgt; daß kein neues Geschöpf
gebildet wird, welches weit von irgend einem vorher existirenden
abweicht; daß hierin wie überall sonst in der Natur Stufenfolge
und Harmonie vorhanden ist, — dann sind diese rudimentären
Organe nothwendig und ein wesentlicher Theil des Systems der
Natur. Bis beispielsweise die höheren Wirbelthiere ausgebildet
wurden, waren viele Schritte erforderlich und viele Organe
mußten Modificationen erleiden von dem rudimentären Zustande
aus, in welchem sie bis dahin nur existirt hatten. Wir sehen
noch eine antitypische Skizze einer zum Fluge befähigten Schwinge
übrig in dem schuppigen Stummel des Pinguins, und Glie=

der, welche zuerst unter der Haut verborgen lagen und dann schwach hervorragten, waren die nothwendigen Stufen, ehe andere gebildet werden konnten, welche vollständig zur Fortbewegung dienten. Viel mehr von diesen Modificationen würden wir erblicken und eine viel vollkommenere Reihe derselben, wenn wir alle die Formen kennten, welche zu leben aufgehört haben. Die großen Lücken, welche zwischen Fischen, Reptilien, Vögeln und Säugethieren existiren, würden dann zweifellos durch intermediäre Gruppen ausgefüllt werden, und die ganze organische Welt würde als ein ununterbrochenes und harmonisches System erscheinen.

Es ist nun gezeigt worden, wenn auch sehr kurz und unvollkommen, wie das Gesetz, daß „eine jede Art sowohl dem Raume als auch der Zeit nach zugleich mit einer vorherexistirenden nahe verwandten Art in die Erscheinung getreten ist", eine ungeheuere Menge von unabhängigen und bis dahin unerklärten Thatsachen verbindet und verständlich macht. Das natürliche System der Anordnung organischer Wesen, ihre geographische Verbreitung, ihre geologische Aufeinanderfolge, die Phänomene der repräsentirenden und substituirenden Gruppen in allen ihren Modificationen, und die höchst sonderbaren Eigenthümlichkeiten der anatomischen Structur werden alle durch dasselbe erklärt und erläutert, in vollkommener Uebereinstimmung mit der Unmasse von Thatsachen, welche die Untersuchungen der modernen Naturforscher angehäuft haben, und, ich glaube, keine derselben widerspricht dem Gesetze wesentlich. Es beansprucht auch eine Superiorität über frühere Hypothesen, deßhalb weil es das, was existirt, nicht nur erklärt, sondern auch nothwendig macht. Das Gesetz zugegeben, und viele der wichtigsten Thatsachen [in der Natur können nicht anders gewesen sein, sondern sind fast ebenso nothwendige Deductionen aus demselben, wie es die elliptischen Bahnen der Planeten aus dem Gesetze der Gravitation sind.

Saráwak, Bórneo. Febr. 1855.

IV.

Ueber die Tendenz der Varietäten unbegrenzt von dem Originaltypus abzuweichen.

Von

Alfred Russel Wallace.[1]

Eines der am stärksten wiegenden Argumente, welche angeführt worden sind, um die ursprüngliche und bleibende Verschiedenheit der Species zu beweisen, ist jenes, daß Varietäten, welche im Zustande der Domestication gebildet wurden, mehr oder weniger unbeständig sind, und oft eine Tendenz besitzen, wenn sie sich selbst überlassen werden, zu der normalen Form der elterlichen Art zurückzukehren; und diese Unbeständigkeit wird als eine unterscheidende Eigenthümlichkeit aller Varietäten, selbst derjenigen, welche unter den wilden Thieren im natürlichen Zustande vorkommen, und als eine Maßregel, um die ursprünglich geschaffene, distincte Art unverändert zu erhalten, angesehen.

Bei dem Fehlen oder der Spärlichkeit von Thatsachen und Beobachtungen in Beziehung auf Varietäten unter wilden Thieren hat dieses Argument bei Naturforschern großes Gewicht gehabt und zu einem sehr allgemeinen und etwas vorurtheils-

---

[1] Veröffentlicht im Jahre 1858. Herr Wallace wünscht bei dieser Gelegenheit zu constatiren, daß diese Abhandlung ohne sein Wissen gedruckt wurde und daher (im engl. Orig.) manche Fehler unverbessert stehen geblieben sind. D. Herausg.

vollen Glauben an die Beständigkeit der Art geführt. Ebenso allgemein jedoch ist der Glaube an das, was „permanente oder echte Varietäten" genannt wird — Racen von Thieren, welche beständig ihres Gleichen erzeugen, aber welche in so leichtem Grade (wenn auch ununterbrochen) von irgend einer anderen Race abweichen, daß die eine als Varietät der anderen betrachtet wird. Welches die Varietät und welches die ursprüngliche Art ist, das zu bestimmen giebt es im Allgemeinen kein Mittel, ausgenommen in jenen seltenen Fällen, in welchen man von der einen Race weiß, daß sie einen Abkömmling hervorgebracht hat, welcher ihr selbst unähnlich ist und der anderen gleicht. Dieses jedoch könnte ganz unvereinbar mit der „permanenten Unveränderlichkeit der Art" erscheinen; allein die Schwierigkeit wird durch die Annahme gehoben, daß solche Varietäten engen Grenzen unterworfen sind, und nie nochmals weiter von dem ursprünglichen Typus abweichen können, es sei denn daß sie auf ihn zurückfallen, was, nach der Analogie der domesticirten Thiere, als im höchsten Grade wahrscheinlich, wenn nicht mit Sicherheit erwiesen, angesehen wird.

Man sieht, dieses Argument beruht gänzlich auf der Annahme, daß Varietäten, welche im natürlichen Zustande vorkommen, in jeder Hinsicht analog oder selbst identisch mit jenen von domesticirten Thieren sind, und daß für sie, was ihren Bestand oder ihre weitere Abweichung anlangt, dieselben Gesetze gelten. Aber es ist der Gegenstand der vorliegenden Abhandlung zu beweisen, daß diese Annahme durchaus verkehrt ist, daß es ein allgemeines Princip in der Natur giebt, welches bewirkt, daß viele Varietäten die elterliche Species überleben und zu aufeinanderfolgenden Abweichungen Anlaß geben, indem sie sich weiter und weiter von dem Originaltypus entfernen, und welches ebenfalls bei den Varietäten der domesticirten Thiere die Tendenz weckt, auf die elterliche Form zurückzufallen.

Das Leben wilder Thiere ist ein Kampf ums Dasein. Die volle Anspannung aller ihrer Fähigkeiten und aller ihrer Kräfte ist erforderlich, um für ihre eigene Fortdauer einzustehen und für diejenige ihrer jugendlichen Abkömmlinge Sorge zu tragen. Die Möglichkeit, sich während der wenigst günstigen Jahreszeiten Nahrung zu verschaffen und den Angriffen ihrer gefährlichsten Feinde zu entgehen, das sind die in erster Linie stehenden Bedingungen, welche die Existenz sowohl der Individuen als auch der ganzen Art bestimmen. Diese Bedingungen werden ebenfalls die Individuenzahl einer Art bestimmen; und eine sorgsame Betrachtung aller Umstände setzt uns vielleicht in den Stand, das, was beim ersten Anblick so unerklärlich scheint, zu verstehen und bis zu einem gewissen Grade zu erklären —: die außerordentliche Menge von Individuen bei einigen Arten, während andere, ihnen nah verwandte, nur in sehr geringer Anzahl vorhanden sind.

Das allgemeine Verhältniß, welches zwischen bestimmten Thiergruppen Platz greifen muß, wird leicht klar. Große Thiere können nicht in solcher Menge vorhanden sein wie kleine; die Fleischfresser müssen weniger zahlreich sein als die Pflanzenfresser; Adler und Löwen kann es nie so viele geben als Tauben und Antilopen; die wilden Esel der tartarischen Wüsten können an Zahl nicht den Pferden der üppigeren Prairien und Pampas von Amerika gleichkommen. Die größere oder geringere Fruchtbarkeit eines Thieres ist oft als eine der Hauptursachen seines häufigeren Vorkommens oder seiner Seltenheit angesehen worden; aber eine Betrachtung der Thatsachen wird uns zeigen, daß sie in Wirklichkeit wenig oder gar Nichts mit der Sache zu thun hat. Selbst das wenigst fruchtbare Thier würde ohne Beeinträchtigung rapide an Zahl zunehmen; dahingegen leuchtet es ein, daß die Thierbevölkerung des Erdballes stationär bleiben, oder vielleicht durch den Einfluß des Menschen abnehmen muß. Schwankungen können vorkommen; aber beständiges Anwachsen, ausgenommen an begrenzten Oertlichkeiten, ist fast unmöglich. Es muß uns z. B. unsere eigene Beobachtung die Ueberzeugung liefern, daß Vögel sich nicht jedes Jahr in geometrischer Progression weiter vermehren, wie sie es thun würden, wenn nicht einige mächtige Hindernisse ihrem natürlichen Wachsthum entgegenstünden. Sehr wenige Vögel erzeugen weniger als zwei Junge jährlich, aber viele sechs, acht oder zehn; vier wird sicherlich unter dem Durchschnitte sein; und wenn wir annehmen, daß jedes Paar nur viermal in seinem Leben Junge zeugt, so wird das auch unter dem Durchschnitte sein, wobei wir voraussetzen, daß sie weder durch Gewalt noch durch Mangel an Nahrung umkommen. Und doch, wie ungeheuer würde nach diesem Maßstabe der Zuwachs aus einem einzigen Paare in wenigen Jahren sein! **Eine einfache Rechnung zeigt, daß in fünfzehn Jahren jedes Vogelpaar auf fast zehn Millionen angewachsen sein würde!** wohingegen wir keinen Grund zu der Annahme haben, daß die Zahl der Vögel irgend eines Landes überhaupt in fünfzehn oder selbst in hundertundfünfzig Jahren größer wird. Bei solchen Kräften zur Vermehrung muß die Bevölkerungszahl ihre Grenzen erreicht haben und stationär geworden sein und zwar in sehr wenigen Jahren nach der Entstehung jeder Art. Es leuchtet daher ein, daß in jedem Jahre eine ungeheuere Anzahl von Vögeln umkommen muß — **in der That eben so viele, als geboren werden**; und da nach dem niedrigsten Anschlage die

Nachkommenschaft jedes Jahr zweimal so zahlreich ist als die elterliche Bevölkerung, so folgt daraus, daß, was auch immer die Durchschnittszahl der Individuen sein mag, welche in einer gegebenen Gegend existiren, zweimal soviel jährlich umkommen müssen —: ein überraschendes Resultat, aber eines, welches wenigstens im höchsten Grade wahrscheinlich ist, und welches vielleicht eher unter als über der Wahrheit liegt. Es könnte daher den Anschein haben, daß, soweit es den Bestand der Art und die Aufrechterhaltung der Durchschnittszahl von Individuen betrifft, eine große Brut überflüssig ist. Durchschnittlich dienen alle bis auf ein Individuum Habichten und Gabelweihen, wilden Katzen und Wieseln zur Nahrung oder kommen vor Kälte und Hunger beim Herannahen des Winters um. Dieses wird schlagend durch den Bestand gewisser Arten bewiesen; denn wir finden, daß ihr Ueberfluß an Individuen in keiner Beziehung irgend welcher Art zu ihrer Fruchtbarkeit bei der Erzeugung von Nachkommenschaft steht. Vielleicht ist eines der bemerkenswerthesten Beispiele einer ungeheueren Vogelbevölkerung das der Wandertaube der Vereinigten Staaten, welche nur ein oder höchstens zwei Eier legt, und gewöhnlich nur ein Junges aufziehen soll. Aus welchem Grunde ist dieser Vogel so außerordentlich zahlreich, während andere Vögel, welche zwei oder dreimal so viel Junge erzeugen, viel weniger zahlreich sind? Die Erklärung ist keine schwierige. Die dieser Art höchst angemessene Nahrung, die, bei welcher sie am Besten gedeiht, ist im Ueberfluß über eine sehr ausgedehnte Strecke Landes, welche solche Unterschiede in ihren Bodenverhältnissen und ihrem Klima darbietet, verbreitet, daß in dem einen oder in dem anderen Theile des Areals der Vorrath nie ausgeht. Der Vogel ist mit einem sehr schnellen und langandauernden Fluge begabt, so daß er ohne Ermüdung über den ganzen District, welchen er bewohnt, hinstreifen kann, und sobald der Vorrath an Nahrung an einem Orte ausgeht, im Stande ist einen frischen Weideplatz aufzufinden. Dieses Beispiel zeigt uns in schlagender Weise, daß die Anschaffung eines beständigen Vorrathes zuträglicher Nahrung fast die einzig nothwendige Bedingung ist, um das rapide Anwachsen einer gegebenen Art zu sichern, da weder die begrenzte Fruchtbarkeit, noch die ungezügelten Angriffe der Raubvögel und des Menschen hier genügend sind, demselben Eintrag zu thun. Bei keiner anderen Vogelart sind diese besonderen Umstände in so schlagender Weise combinirt. Entweder ist ihre Nahrung mehr zeitweiligen Schwankungen unterworfen, oder sie haben nicht genügende Flugkraft, um über ein ausgedehntes Areal danach zu suchen, oder dieselbe wird während einiger Jahreszeiten sehr spärlich und es müssen weniger gesunde Surrogate dafür eintreten; und so können sie, obgleich sie an Nachkommenschaft fruchtbarer sind, nie über ein ihnen durch den Vorrath an Nahrung in den wenigst günstigen Jahreszeiten vorgezeichnetes Maß, an Zahl zunehmen. Viele Vögel können, wenn ihre Nahrung spärlich wird, nur durch Wanderungen nach Regionen hin, welche ein milderes oder wenigstens ein anderes Klima besitzen, existiren, obgleich es, da diese Wandervögel selten außerordentlich zahlreich sind, einleuchtet, daß die Gegenden, welche sie besuchen, in Beziehung auf einen beständigen und reichen Vorrath an zuträglicher Nahrung noch mangelhaft sind. Jene, deren Organisation ihnen nicht erlaubt zu wandern wenn ihre Nahrung periodisch spärlich wird, können nie eine große Individuenzahl erreichen. Das ist wahrscheinlich der Grund, weshalb Spechte bei uns so selten sind, während sie in den Tropen zu den zahlreichsten der einsam lebenden Vögel gehören. So ist der Haussperling zahlreicher als das Rothkehlchen, weil seine Nahrung beständiger und reichlicher ist, — da Grassamen während des Winters gedeiht und unsere Bauernhöfe und Stoppelfelder einen fast unerschöpflichen Vorrath darbieten. Aus welchem Grunde sind als allgemeine Regel Wasser- und speziell See-Vögel sehr zahlreich an Individuen? Nicht etwa weil sie fruchtbarer sind als andere, gerade das Gegentheil im Allgemeinen; sondern weil ihre Nahrung sie nie im Stiche läßt, indem die Seegestade und Flußufer täglich von einem frischen Vorrathe kleiner Mollusken und Krustaceen wimmeln. Genau dieselben Gesetze finden ihre Anwendung auf die Säugethiere. Wilde Katzen sind fruchtbar und haben wenig Feinde; aus welchem Grunde nun sind sie nie so zahlreich wie Kaninchen? Die einzig verständliche Antwort darauf ist die, daß ihr Unterhalt precärer ist. Es leuchtet daher ein, daß, solange ein Land in seinen physischen Verhältnissen unverändert bleibt, die Zahlen seiner Thierbevölkerung nicht wesentlich anwachsen können. Wenn eine Art sich vermehrt, so muß irgend eine andere, welche derselben Art von Nahrung bedarf, sich im Verhältniß vermindern. Die Mengen, welche jährlich sterben, müssen ungeheuer sein, und da ein jedes Thier in seiner individuellen Existenz auf sich selbst angewiesen ist, so müssen jene, welche sterben, die schwächsten sein — die sehr jungen, die alten und die kranken — während jene, welche ihr Dasein verlängern, nur die an Gesundheit und Kraft vollkommensten sein können — jene, welche am Besten befähigt sind, sich regelmäßig Nahrung zu verschaffen und ihren zahlreichen Feinden zu entgehen. Es ist, wie wir eingangs bemerkten, „ein Kampf ums Dasein", in welchem die schwächsten und wenigst vollkommen organisirten stets unterliegen müssen.

Es leuchtet nun ein, daß das, was unter den Individuen

einer Art stattfindet, auch unter den verschiedenen verwandten Arten einer Gruppe stattfinden muß — nämlich, daß jene, welche am Besten geeignet sind, sich einen regelmäßigen Vorrath von Nahrung zu verschaffen und sich gegen die Angriffe ihrer Feinde und den Wechsel der Jahreszeiten zu vertheidigen, nothwendigerweise eine Superiorität in der Bevölkerung erlangen und bewahren müssen; während die Arten, welche in Folge irgend eines Mangels an Kräften oder der Organisation die am wenigst fähigen sind den Wechselfällen in Beziehung auf ihre Nahrung, ihren Unterhalt 2c. zu begegnen, sich vermindern und in äußersten Fällen sogar ganz aus sterben müssen. Zwischen den genannten Extremen werden Arten verschiedene Grade der Fähigkeit, sich die Mittel zur Erhaltung ihres Lebens zu sichern, darbieten, und auf diese Weise erklären wir uns das häufige oder seltenere Vorkommen einer Art. Unsere Unwissenheit wird uns im Allgemeinen hindern, genau die Wirkungen auf ihre Ursachen zurückzuführen; aber könnten wir mit der Organisation und den Gewohnheiten der verschiedenen Thierarten vollkommen bekannt werden, und könnten wir die Fähigkeiten einer jeden messen, die verschiedenen Acte auszuführen, welche für ihre Sicherheit und Existenz unter all' den variirenden Verhältnissen, von denen sie umgeben, nothwendig sind, so würden wir wohl im Stande sein, selbst den verhältnißmäßigen Ueberfluß an Individuen, welcher das nothwendige Resultat ist, herauszurechnen.

Wenn es uns nun geglückt ist, diese zwei Punkte festzustellen —

1) **daß die Thierbevölkerung eines Landes im Allgemeinen stationär ist, da sie durch einen periodischen Mangel an Nahrung und durch andere Hindernisse niedergehalten wird, und**

2) daß die verhältnißmäßige Fülle oder Spärlichkeit von Individuen der verschiedenen Arten gänzlich von ihrer Organisation und den daraus resultirenden Gewohnheiten abhängt, welche, indem sie es ihnen erschweren, sich einen regelmäßigen Vorrath von Nahrung zu verschaffen und für ihre persönliche Sicherheit in einigen Fällen mehr als in anderen Sorge zu tragen, nur durch eine Differenz in der Bevölkerung, die auf einem gegebenen Areal existiren muß, balancirt werden können — so werden wir in der Lage sein, zu einer Betrachtung der Varietäten fortzuschreiten, auf welche die vorhergehenden Bemerkungen eine directe und sehr wichtige Anwendung haben.

Die meisten oder vielleicht alle Abweichungen von der typischen Form einer Art müssen irgend eine endgültige, wenn auch noch so leichte Wirkung auf die Gewohnheiten oder Fähigkeiten der Individuen haben. Selbst ein Wechsel in der Färbung kann, wenn er sie mehr oder weniger unterscheidbar macht, ihre Sicherheit beeinflussen; eine größere oder geringere Entwickelung von Haaren kann ihre Gewohnheiten modificiren. Wichtigere Veränderungen, wie z. B. eine Vermehrung der Kräfte oder eine Vergrößerung der Dimensionen der Glieder oder irgend welcher äußerer Organe würden mehr oder weniger ihre Art und Weise sich Nahrung zu verschaffen beeinflussen, oder ihre Verbreitung über eine größere oder kleinere Strecke Landes. Es ist ebenso einleuchtend, daß die meisten Veränderungen, sowohl günstige als auch ungünstige, die Fähigkeit das Leben zu verlängern, beeinflussen werden. Eine Antilope mit kürzeren oder schwächeren

Beinen muß nothwendigerweise mehr von den Angriffen der katzenartigen Fleischfresser leiden; die Wandertaube mit weniger kräftigen Flügeln würde früher oder später in ihrer Fähigkeit, sich einen regelmäßigen Vorrath von Nahrung zu verschaffen, beeinflußt werden; und in beiden Fällen muß das Resultat nothwendigerweise eine Verminderung der Individuenzahl der modificirten Art sein. Wenn auf der anderen Seite irgend eine Art eine Varietät produciren sollte, welche die Fähigkeit das Leben zu erhalten, in einem leichten Grade verstärkt besäße, so muß jene Varietät unvermeidlich mit der Zeit eine Superiorität in Beziehung auf die Zahl erlangen. Diese Resultate müssen sich so sicher ergeben, wie hohes Alter, Unmäßigkeit oder Spärlichkeit der Nahrung die Mortalität vermehren. In beiden Fällen können viele individuelle Ausnahmen vorkommen, aber im Durchschnitte wird die Regel unabänderlich Stich halten. Alle Varietäten werden daher unter zwei Rubriken fallen: — die, welche unter denselben Verhältnissen nie die Individuenzahl der elterlichen Art erreichen würden, und die, welche mit der Zeit eine numerische Superiorität erlangen und behaupten. Es möge nun irgend eine **Veränderung in den physischen Verhältnissen** des Districtes Platz greifen — eine lange Periode der Trockenheit, eine Zerstörung der Vegetation durch Heuschrecken, das Eindringen irgend eines neuen fleischfressenden Thieres, welches „neue Weiden" [1] sucht — irgend eine Veränderung, welche der in Frage stehenden Art thatsächlich die Existenz erschwert, und welche ihre äußersten Kräfte in Anspruch nimmt, um ein vollständiges Aussterben zu verhindern; so leuchtet es ein, daß von allen Individuen, welche die Art ausmachen, jene, welche die wenigst zahlreiche und die

---

[1] „pastures new" Milton. A. d. H.

am schwächsten organisirte Varietät bilden, zuerst leiden, und wenn die Bedrängniß eine harte gewesen wäre, bald ausssterben werden. Wenn dieselben Ursachen weiter thätig bleiben, so muß die elterliche Art zunächst leiden, allmählich sich an Zahl vermindern und bei einer Wiederkehr ähnlicher ungünstiger Verhältnisse vielleicht sogar aussterben. Die höher stehende Varietät würde dann allein zurückbleiben und bei einer Wiederkehr günstiger Umstände würde sie rapide an Zahl wachsen und den Platz der ausgestorbenen Art und Varietät einnehmen.

Die Varietät hätte jetzt die Art ersetzt, von welcher sie eine vollkommener entwickelte und höher organisirte Form darstellen würde. Sie wäre in jeder Hinsicht besser geeignet für ihre Sicherheit zu sorgen und ihre individuelle Existenz und die der Race zu verlängern. Eine solche Varietät könnte nicht zu der ursprünglichen Form zurückkehren; denn diese Form ist eine tiefer stehende und könnte nie mit ihr in Wettwerb treten. Eine „Tendenz" den ursprünglichen Typus der Art zu reproduciren daher zugegeben, muß doch die Varietät an Zahl stets überwiegend bleiben und unter ungünstigen physischen Verhältnissen wiederum allein überleben. Aber diese neue verbesserte und zahlreiche Race kann selbst im Laufe der Zeit zu neuen Varietäten Anlaß geben, indem sie verschiedene auseinandergehende Modificationen der Form darbietet, von denen irgend welche, indem sie dahin neigen die Vortheile für die Erhaltung des Lebens zu vergrößern, nach demselben allgemeinen Gesetz ihrerseits vorwiegend werden müssen. Hier also haben wir fortschreitende und beständige Divergenz aus den allgemeinen Gesetzen, welche die Existenz der Thiere im natürlichen Zustande reguliren und von der unbestrittenen Thatsache, daß Varietäten häufig vorkommen, abgeleitet. Es wird jedoch nicht behauptet, daß dieses Resultat unabänderlich sei; ein Wechsel in den physischen Verhältnissen des Landes kann es vielleicht zu Zeiten wesentlich modificiren, indem derselbe die Race, welche die fähigste gewesen ist unter den **früheren** Bedingungen das Leben zu unterhalten, **nun** zu der dafür am schwächsten organisirten macht und selbst das Aussterben der neueren und zeitweilig höheren Race bewirkt, während die alte oder elterliche Art und ihre ersten tiefer stehenden Varietäten zu gedeihen fortführen. Variationen an unwichtigen Theilen könnten auch vorkommen und keine merkbare Wirkung auf die Leben erhaltenden Kräfte haben; und die auf diese Weise ausgerüsteten Varietäten könnten mit der elterlichen Art parallel vorwärts schreiten, indem sie entweder zu weiteren Variationen Anlaß geben oder auf den früheren Typus zurückfallen. Alles, für was wir Gründe anführen, ist das, **daß bestimmte Varietäten eine Tendenz besitzen, ihre Existenz länger als die ursprüngliche Art zu bewahren**, und daß diese Tendenz sich selbst fühlbar machen muß; denn wenn man sich auch auf die Lehre von den Chancen oder Durchschnitten so lange es sich um kleine Zahlen handelt nie verlassen kann, so kommen doch, wenn man sie auf große Zahlen anwendet, die Resultate dem, was die Theorie verlangt, näher und werden, wenn wir uns einer unendlichen Anzahl von Beispielen nähern, durchaus genau. Nun ist der Maßstab, nach welchem die Natur arbeitet, so ungeheuer — die Anzahl von Individuen und die Perioden, die sie handhabt, nähern sich so sehr der Unendlichkeit, daß irgend eine Ursache, und sei es eine noch so geringe oder sei sie noch so sehr geneigt verdeckt und durch zufällige Umstände geschwächt zu werden, schließlich ihre vollen gesetzmäßigen Resultate hervorrufen muß.

Wenden wir uns nun zu den **domesticirten Thieren** und fragen, wie die bei ihnen erzeugten Varietäten durch die hier dargelegten Principien beeinflußt werden. Der wesentliche Unterschied in der Lage wilder und domesticirter Thiere ist dieser, — daß das Wohlbefinden und sogar die Existenz der ersteren auf der vollen Ausübung und dem gesunden Zustand aller ihrer Sinne und physischen Kräfte beruhen, während diese bei den letzteren nur theilweise geübt werden und in einigen Fällen absolut unbenutzt sind. Ein wildes Thier hat nach jedem Bissen Nahrung zu suchen und selbst darum zu arbeiten — das Gesicht, das Gehör, den Geruch bei dem Suchen danach und zur Vermeidung von Gefahren, zur Verschaffung von Schutz vor der Unbeständigkeit der Jahreszeiten und zur Unterhaltung und Sicherstellung seiner Nachkommen zu üben. Da ist kein Muskel seines Körpers, der nicht zu täglicher und stündlicher Thätigkeit berufen ist; da ist kein Sinn und keine Fähigkeit, welche nicht durch beständige Uebung gekräftigt wird. Das domesticirte Thier auf der anderen Seite wird mit Nahrung versehen, wird geschützt und oft eingesperrt, um es gegen die Wechselfälle der Jahreszeiten zu wahren, wird sorgfältig vor den Angriffen seiner natürlichen Feinde behütet und zieht selten seine Jungen ohne menschliche Hülfe auf. Die Hälfte seiner Sinne und Fähigkeiten ist ganz nutzlos; und die andere Hälfte wird nur gelegentlich schwach geübt, während selbst sein Muskelsystem nur unregelmäßig zur Thätigkeit gelangt.

Wenn nun eine Varietät bei einem solchen Thiere entsteht, welche vermehrte Kraft oder erhöhte Fähigkeit in irgend einem Organe oder irgend einem Sinne besitzt, so ist ein solcher Zuwachs total nutzlos, er wird nie zur Thätigkeit berufen und kann selbst existiren, ohne daß das Thier überhaupt je sich dessen bewußt wird.

Bei den wilden Thieren hingegen werden alle Fähigkeiten und Kräfte für die Bedürfnisse des Lebens in volle Thätigkeit gesetzt, jeder Zuwachs wird sofort nutzbar, wird durch die Uebung gekräftigt und muß selbst leicht die Nahrung, die Gewohnheiten und die ganze Oekonomie der Race modificiren. Es ist wie ein neues Thier, wie eines mit überlegenen Kräften, welches nothwendigerweise an Zahl zunehmen und die tiefer stehenden überleben muß.

Dann haben bei den domesticirten Thieren alle Abweichungen eine gleichmäßige Chance zur Fortdauer; und jene, welche ein wildes Thier schließlich unfähig machen würden, mit seinen Genossen zu wetteifern und sein Leben zu erhalten, sind kein Nachtheil irgend welcher Art in dem Zustande der Domestication. Unsere schnell gemästeten Schweine, unsere kurzfüßigen Schafe, unsere Kropftauben und unsere Pudel könnten im natürlichen Zustande nie ins Leben getreten sein, weil der allererste Schritt nach solchen niedriger stehenden Formen hin zu dem rapiden Aussterben der Race geführt haben würde; noch weniger könnten sie jetzt im Wettwerb mit ihren wilden Verwandten existiren. Die große Schnelligkeit, aber geringe Ausdauer des Racepferdes, die ungelenke Kraft des Gespannes des Landmannes würden im natürlichen Zustande beide nutzlos sein. Wenn solche Thiere auf den Pampas wieder verwilderten, so würden sie wahrscheinlich bald aussterben oder unter günstigen Bedingungen jene extremen Eigenschaften verlieren, welche nie zur Thätigkeit berufen wären, und nach einigen wenigen Generationen auf einen gewöhnlichen Typus zurückfallen, welcher derjenige sein müßte, in dem die verschiedenen Kräfte und Fähigkeiten so proportionirt zu einander sind, daß sie sich am Besten eignen, Nahrung zu verschaffen und Schutz zu sichern, — jener, welcher das Thier bei der vollen Thätigkeit eines jeden Theiles seiner Organisation allein weiter zu leben befähigt. Domesticirte Varietäten müssen, wenn sie verwildern, auf einen Zustand, welcher dem Typus des ursprünglichen wilden Stammvaters nahe steht, zurückfallen oder ganz und gar aussterben.

Wir sehen also, daß keine Schlüsse in Beziehung auf Varietäten im natürlichen Zustande aus den Beobachtungen jener, welche unter domesticirten Thieren vorkommen, gezogen werden können. Diese beiden sind einander in jeglicher Beziehung so sehr entgegengesetzt, daß das, was auf die einen seine Anwendung findet, fast sicher nicht auf die anderen anzuwenden ist. Domesticirte Thiere sind abnorm, unregelmäßig, künstlich; sie sind Abweichungen unterworfen, welche nie im natürlichen Zustande vorkommen und nie vorkommen können: ihre Existenz selbst ist ganz und gar von menschlicher Sorgfalt abhängig, so weit weichen viele von ihnen ab von jener richtigen Proportion der Fähigkeiten zueinander, von jenem wahren Gleichgewichte der Organisation, vermittelst welcher allein ein Thier, das sich selbst überlassen ist, sein Leben wahren und seine Race fortpflanzen kann.

Die Hypothese von Lamarck — daß die fortschreitenden Veränderungen der Art durch die Versuche der Thiere, die Entwickelung ihrer eigenen Organe zu vermehren, und so ihre Structur und ihre Gewohnheiten zu modificiren hervorgerufen worden sind — ist wiederholt und leicht von allen Schriftstellern über den Varietät- und Art-Begriff zurückgewiesen worden, und es scheint, daß man die Sache so betrachtet hat, als sei, wenn dies geschehen, die ganze Frage endgültig erledigt; aber die hier entwickelte Ansicht macht iene solche Hypothese ganz überflüssig, indem sie zeigt, daß ähnliche Resultate durch die Thätigkeit von Principien, welche in der

Natur beständig an der Arbeit sind, hervorgerufen werden müssen. Die mächtigen retractilen Krallen der Falken- und der Katzen-Stämme sind nicht durch das Wollen jener Thiere hervorgerufen oder vergrößert worden, sondern unter den verschiedenen Varietäten, welche unter den früheren und weniger hoch organisirten Formen dieser Gruppen vorkamen, überlebten stets jene am Längsten, welche die größten Vortheile zur Ergreifung ihrer Beute besaßen. Auch erlangte die Giraffe ihren langen Hals nicht in Folge des Wunsches, das Laub der höheren Sträucher zu erreichen oder dadurch, daß sie beständig ihren Hals zu diesem Zwecke ausstreckte, sondern weil irgend welche Varietäten unter ihren Vorfahren mit einem längeren Halse als gewöhnlich sich sofort einen neuen Weidefleck an denselben Orten, wie ihre kurzhalsigen Gefährten sicherten und bei der nächsten Nahrungsnoth dadurch befähigt wurden, sie zu überleben. Selbst die eigenthümlichen Färbungen vieler Thiere, besonders der Insecten, welche so genau dem Boden oder den Blättern oder den Stämmen, auf welchen sie gewöhnlich leben, ähneln, sind nach denselben Principien erklärlich; denn wenn auch im Laufe der Zeiten Varietäten vieler Färbungen vorgekommen sein mögen, so werden doch jene Racen, welche Farben haben, die am Besten dazu geeignet sind, sie vor ihren Feinden zu verbergen, unvermeidlich am Längsten überleben. Wir haben also hier eine wirkende Ursache, um jenes in der Natur so oft beobachtete Gleichgewicht zu erklären, — indem ein Mangel in einer Reihe von Organen stets durch eine vermehrte Entwickelung einiger anderer compensirt wird — indem mächtige Flügel schwache Füße begleiten, oder große Flüchtigkeit für die Abwesenheit von Vertheidigungswaffen entschädigt; denn es ist gezeigt worden, daß alle Varietäten, bei welchen eine nicht im Gleichgewicht stehende Unvollkommenheit vorkam, nicht lange ihr Leben bewahren konnten. Die Wirksamkeit dieses Principes ist genau gleich dem des Regulators an der Dampfmaschine, welcher allen Unregelmäßigkeiten, fast ehe sie sichtbar werden, entgegentritt und sie verbessert; und in gleicher Weise können uncompensirte Mängel im Thierreiche nie eine bedeutende Größe erreichen, weil sie sich im Entstehen fühlbar machen würden, da sie die Existenz erschweren, und baldiges Aussterben ihnen fast sicher folgt. Eine Entstehung, wie sie hier befürwortet ist, wird auch mit dem besonderen Charakter der Modificationen der Form und der Structur, welche bei organisirten Wesen Platz greifen, übereinstimmen — die vielen von einem centralen Typus divergirenden Reihen, die wachsende Wirksamkeit und der vermehrte Einfluß eines besonderen Organes durch eine Aufeinanderfolge verwandter Arten hindurch, und die bemerkenswerthe Persistenz unwichtiger Theile wie Farbe, Textur der Federn und des Haares, Form der Hörner oder der Kämme durch eine Reihe von Arten hindurch, welche in wesentlicheren Charakteren beträchtlich von einander differiren, finden durch diese Art der Entstehung eine Erklärung. Sie versieht uns auch mit einem Grunde für jene „specialisirtere Structur", welche Professor Owen als charakteristisch für neue Formen, verglichen mit ausgestorbenen, ansieht, und welche augenscheinlich das Resultat der fortschreitenden Modification irgend eines Organes, welches einem speciellen Zwecke in der thierischen Oekonomie dient, sein würde.

Wir glauben jetzt gezeigt zu haben, daß in der Natur eine Tendenz zu dem andauernden Fortschreiten bestimmter Classen von Varietäten weiter und weiter von ihrem ursprünglichen Typus weg existirt — ein

Fortschreiten, dem irgend welche bestimmte Grenzen zu bezeichnen kein Grund vorhanden zu sein scheint — und daß dasselbe Princip, welches dieses Resultat im natürlichen Zustande hervorruft, es auch erklärt, weshalb domesticirte Varietäten eine Tendenz haben, zu dem ursprünglichen Typus zurückzukehren. Dieses Fortschreiten kann, glaube ich, durch kleine Schritte nach verschiedenen Richtungen hin, aber stets durch nothwendige Bedingungen, denen unterworfen allein das Leben erhalten werden kann, gehemmt und ins Gleichgewicht gesetzt, so verfolgt werden, daß es mit allen Erscheinungen, welche organisirte Wesen darbieten, übereinstimmt, mit ihrem Aussterben und ihrer Aufeinanderfolge in vergangenen Jahrhunderten und mit all' den außergewöhnlichen Modificationen der Form, des Instinctes und der Gewohnheiten, welche sie aufweisen.

Ternate, Februar 1858.